U0058148

解決 46 個常見的親職教養問題——

小兒科醫師的叮嚀

The Parent's Problem Solver:
smart solutions for everyday discipline dilemmas
and behavioral problems

Cathryn Tobin　著

李姿瑩　校閱

李姿瑩、廖雅惠、鄭裕峰、張倉凱、高麗鳳、傅寶真　譯

THE
PARENT'S
PROBLEM
SOLVER

Smart Solutions for Everyday

Discipline Dilemmas and

Behavioral Problems

CATHRYN TOBIN, M.D.

This translation published by arrangement with Three Rivers Press, a division of Random House, Inc.

Author's note: The anecdotes included in this book are based on stories and experiences parents and friends have shared with me over the years. The individuals' names and personal characteristics have been changed to protect their privacy.

獻予我慈愛的父母 Rose Tobin 和 Sidney Tobin，
他們教導我為社會貢獻的重要性，
並以深深的愛鼓勵著我相信自己。

在對我父親 Sidney M. Tobin 博士充滿愛的記憶中，
他是我的英雄——同時也是一位真正的好父親和好人。

目錄

從 A 到 Z

CONTENTS

作者簡介

Cathryn Tobin, M. D.

小兒科醫師，皇家內科醫師學會會員，畢生心力貢獻於家庭此一領域。除了是四個小孩的母親，她也是一般及諮商兒科醫師，在加拿大安大略省執業超過十年。在這之前，她接受訓練成為助產士，並在美國和加拿大執業。

Cathryn Tobin 目前和先生及四個小孩居住在多倫多，家人們總是一再給予她靈感，讓她能有問題解決的機會。

校閱者簡介

李姿瑩

⊛ **學歷**：美國奧克拉荷馬州立大學應用行為研究哲學博士（主修
特殊教育）

美國匹茲堡州立大學特殊教育學碩士

美國匹茲堡州立大學心理學學士

德育護理專科學校（現為：經國管理暨健康學院）護理系

⊛ **經歷**：美國西北大學訪問學者

台北市身心障礙鑑定安置小組嚴重情緒障礙鑑定安置輔導委員

健康促進學校中央輔導委員

美國奧克拉荷馬州立大學教學助教、講師

台北市立聯合醫院陽明院區護理人員

⊛ **現職**：台北市立教育大學特殊教育學系助理教授

譯者簡介

李姿瑩 (總校閱,負責 58-123、248-301 頁之翻譯)
(參見校閱者簡介)

廖雅惠 (負責 1-57 頁之翻譯)
◎ **學歷:** 私立輔仁大學兒童與家庭研究所進修中
　　　　國立台東師範學院特教師資班
　　　　私立淡江大學英語系學士
◎ **經歷:** 雲林縣二崙國小教師
◎ **現職:** 台北市雙園國小教師

鄭裕峰 (負責 58-123 頁之翻譯)
◎ **學歷:** 國立陽明大學復健科技輔具研究所畢業
◎ **經歷:** 台北市立蓬萊國小特教班教師十一年
　　　　台北市立大安國小特教班教師一年
◎ **現職:** 台北市立蓬萊國小特教班教師

張倉凱 (負責 124-201 頁之翻譯)
◎ **學歷:** 台北市立教育大學教育學系博士候選人
◎ **經歷:** 國小教師
　　　　教育部商借教師
◎ **現職:** 台北市雙園國小教師
　　　　台北市立教育大學教育學系兼任講師

中原大學特殊教育學系兼任講師

財團法人台北市來春教育基金會董事兼執行長

高麗鳳（負責 202-243 頁之翻譯）

⊛ **學歷**：台北市立教育大學教育學系博士

台北市立師範學院國民教育研究所碩士

私立東海大學歷史系學士

⊛ **考試**：圖書館人員普考及格（1987 年）

圖書博物管理職系圖書館管理科高考及格（1990 年）

⊛ **經歷**：高雄市立圖書館委任幹事

國立新竹科學園區實驗中學委任幹事

國立政治大學圖書館、學務處薦任組員

台北市國小教師、總務主任、訓導主任

⊛ **現職**：台北市指南國小總務主任

傅寶真（負責 244-301 頁之翻譯）

⊛ **學歷**：美國塞拉古斯大學史學系博士

美國亞利桑那州大學圖書館科學碩士

美國卡尼西學院教育研究所碩士

國立台灣師範大學史地學系學士

⊛ **經歷**：美國史密斯大學講師兼圖書館主任

私立東海大學講師兼圖書館主任

國立彰化師範大學副教授兼圖書館長

國立彰化師範大學教授

⊛ **現職**：國立彰化師範大學退休教授專職翻譯寫作

謝辭

· · · · · · · · · ·

　　我以為寫一本親職的書應該是很容易的！畢竟，我是這個領域的專家。在我瘋狂的夢想裡，從沒想到這需要如此多參與者的支持、信諾以及合作。我感謝許多人奉獻了他們的時間、點子、指引、嬰兒照顧服務、回饋、耐心、理解和鼓勵。

　　如果沒有我丈夫 Henry 不厭其煩的支持，這本書便不會誕生。要讓一個家庭在常軌中維持運作，同時又要處理他繁重的事業、委員會、責任和志向，這可真是不容易。感謝你所付出的時間，以及在精神上支持我。你是一位最真誠的伴侶和朋友。

　　還有我的小孩：Benjamin、Marissa、Max 和 Madison，你們是我的靈感。不管是我們玩足球、烤麵包、看電影或只是擁抱，我都享受我們在一起的時光。

　　我深深感謝我的父母，我知道生命中一直有他們的愛和鼓勵。我要對我的母親說，謝謝你教導我什麼是生命中最重要的，你真是無與倫比的母親和朋友。

　　我可能再也無法找到像 Tanya McKinnon 一樣給我這麼多支援的代理人，Tanya 奉獻了大量的時間和精力，協助我執行這個計畫。我很幸運，倘若沒有她的奉獻和堅忍，我不可能成功的完成這本書。

　　我還要感謝 Becky Cabaza（Three Rivers 出版社的編輯）具創造力的引導、經驗和遠見。她擷取我隨意的想法，並把它們塑造成對他人有益的計畫。我要深深地感謝她的仁慈、洞察力以及具批判性的思考，沒有她的智慧，這本書不可能與讀者見面。

　　我也要向我的姊妹們 Victoria 和 Debrah 表達我真心的感謝。謝謝 Victoria 具創造性的鼓勵，以及我的旅遊夥伴 Debrah，陪伴我到茂宜島（夏威夷的一

個島）和紐約，因此我才能參與作家會議；另外要感謝我的妯娌 Guela，儘管在忙亂的日程中仍找時間檢閱我的寫作。

　　最後，對於在我的診療中分享經驗和故事的家長們，我也要致上我誠摯的感謝。

緒論

··········

　　如果有一位小兒科醫師是你最好的朋友，是不是很棒？無論白天或晚上，你可以要找她便去找她；你不用為了看她，而要等三個禮拜才可以排到看診的機會。如果你的小兒科醫師朋友，喜歡跟你討論你的問題，這難道不令人驚喜？如果你的小兒科醫師朋友同時也是一位助產士的話，會有什麼結果呢？這難道不是一件完美的事情？她將會考量臨床的、整體的和科學的觀點。如果她同時也是一位母親的話，她能以另一個足球媽媽（soccer mom，譯註：專指送學齡子女訓練和比賽的母親）、身為職業婦女的媽媽、開車接送孩子的媽媽、曾經是全職母親，以及一度是單親的媽媽角色，了解你的感受。

　　表面上，那些只是我的日常生活。但是在更深的意涵中，我想要與你分享一些個人經驗，傳達我寫這本書的熱情，並協助你了解，為什麼我對整個家庭生活的關心超過其他世上的事——我猜想你也是如此。

　　1976 年，在我二十一歲生日的前幾天，我的心碎了，但不是因為少女情懷的愛情或成績不好。我的兒子 Aaron 在出生三天後死於心臟病。在我應該是要餵母奶以及替我的寶貝換尿布之時，我卻是因為喪子之慟而無力呆坐。有好幾個月我坐在沙發上，房間裡瀰漫著我的悲傷，卻沒有人在我身邊為我打破這片沉靜。

　　在療傷的過程中，我開始在加拿大溫哥華接受助產士的訓練。助產士在那時候被認為是非法的，但是對我的吸引力很大，所以我還是去接受訓練了。剛開始，我是以助手身分進入家庭產房，學習實用的助產士經驗。幾年後，我和我的第二個小孩（我心懷感恩，他是個健康的孩子）以及先生搬到德州 El Paso 去接受正式的訓練。我想要學助產士的藝術並希望生產是溫和且滋養的；然而，我卻發現當併發症發作的時候，附近若沒有一家醫院或就近能提供有經驗的協助，生產可能會對生命造成威脅。雖然我成為一名有證照的助

產士，並且陪同超過四百位媽媽在家生產（以經驗來說是非常多的），但最終理解到助產士並不適合我。

當我開始進修醫學院課程，我滿心只想要成為一位婦產科醫師，但是在第一次輪值進到新生兒加護病房時，我就像磁鐵般被裡頭僅有嬰兒的保溫箱給吸引住了——我改變心志，轉以小兒科醫師為志向。從那時候起，我已經得到這項決定的報償。

很快的二十年過去了：我個人的小兒科經驗不斷累積，而且我現在是四個可愛的小孩：Benjamin、Marissa、Max 和 Madison 的媽媽。我不打算只討論日復一日千篇一律、高度複雜的或其他方面的親職問題。然而因我成年後的學習全部都著重於家庭議題上，這些經驗讓我不但學習到什麼是有效的方法，也知道哪些作法連問題的邊都沾不上。這所有開始於 1977 年，當時我是新手父母的分娩教練和產前指導者，我要求在他們的生產過程裡得到更多的控制。那時，病人權利的概念尚未成形，作為一個父母利益的代言，我陪伴懷孕的媽媽們從第一個收縮，到新生兒平安返家。這是八○年代的典型作法，但我卻感到無所進展，因此我決定去接受正式的訓練。在我的助產士工作期間，當代醫學的發展尚未如此發達，我學習藉著密切注意嬰兒的哭泣、身體語言以及臉部表情，來了解嬰兒的需要，這個技巧在我之後的生活中足以證明是無價的。

然後我接受訓練成為一位內科和小兒科醫師。我學習關於正常發展和孩童的疾病，以及關注那些嚴重失調的年輕人，並提供家庭支持和訊息。不久我了解到「解讀」一個嬰孩行為的專門知識，不是只有限制在新生兒身上。我發現我能理解小孩對親子衝突的看法，而運用這些資訊，我能夠為父母們釐清為什麼他們習慣性的管教辦法會沒有效。於是乎，父母理解到為什麼他們仍然跟孩子在對抗。現在，在成功協助數以萬計的家庭克服小孩如廁、挑食、睡眠困難、爭吵、不聽話以及發脾氣的問題之後，我將這些經驗寫下來，希望對你有所助益。我有很多話要向你說明，也有許多點子要與你分享，而這些可以讓你在今日瘋狂和有時對母親不友善的世界裡，去處理養育孩子當中使人情緒緊張、筋疲力竭的挑戰。

　　我寫這本書的目的便是協助你從無效的處理問題風格中掙脫，而且提供
工具、必要的哲學思考及一種新的行為方法。我的計畫是提供給你一些技巧
和你需要了解的資訊，並解決你的問題；藉由這樣的過程，協助你成為一位
更有信心和有效能的父母。在和許多家庭成員一起工作二十多年後，我已經
體悟到每位母親和父親其實都是真正慈愛、有能力、能思考的人；在教導孩
子的行動當中，你將能發現到自己最好的一面。

譯序

········· ━━━━━━━━━━

　　我所從事的工作是特殊教育專業，因此常有機會協助處理兒童與青少年的情緒行為問題，也常與家長討論關於教養孩子的問題，所接觸的個案範圍從學前嬰幼兒到國、高中生都有。在協助的過程中看見父母的苦惱與無計可施，也發現許多兒童的行為問題是需要家庭、學校與社區合力來協助的。然而與其等到情緒行為問題變得嚴重後才苦無對策，不如在問題出現的初期就幫助孩子去處理它，甚至事先預防問題的發生。在與孩子及家長接觸的經驗之中發現，若父母親在孩子的學齡前期或兒童期就能具備親職教育的知識和技巧，並能依據每個孩子的特質做適當的調整，就可以減少孩子情緒行為問題的發生。

　　本書的作者 Tobin 醫師在處理孩童身、心問題及提供家長親職教育的學經歷非常豐富，她曾從事助產士工作，之後進入醫學院受訓成為內科和小兒科醫師，現為執業小兒科醫師。除了專業上的經歷外，Tobin 醫師育有四個兒女，其育兒的第一手經驗，讓她可以從母親及職業婦女的角色上提供更適切的安慰與建議。

　　本書的內容極為生活化，其所探討之主題從英文字母 A 到 Z 開頭的狀況多達四十六個，含括了身體、心理和行為等不同層面的問題。Tobin 醫師以醫學為基礎，輔以心理學的分析，並靈巧的運用行為改變技術，不但以豐富的實例增加易讀性，更以實用的策略帶領父母分析和處理親職問題。家長可從本書中學習到許多基本生理和行為的親職常識，更可以依照書中的策略實際操作，逐步學習如何分析和處理與孩子間的教養問題。

　　因為個人工作之故，我常被當作是「教育專家」。然而在成為職業婦女的這三年來，總是在忙碌之中對孩子失去耐性，忘了去了解孩子的情緒，錯

誤解讀了孩子的行為，不但沒有專家的表現，還因此多了許多的挫折與內疚。幸而在閱讀本書的原文版時，有了另一個專家的提醒，才能更輕鬆的欣賞孩子的特質與行為。因此，譯者不揣學淺將之撰譯成中文，希冀能提供家長在親職教育上的協助，期待用心愛孩子的父母親們能更享受親職教育的過程！

李姿瑩

於林口凱歌香賓

紀律的新特質

十年前，一個三十公斤不到、紅髮、精力充沛名叫 Sam 的人衝進我的辦公室，使我重新思考在小兒科醫師訓練過程中，所學到有關紀律的每件事。他是一個典型精力旺盛的七歲小男孩，只是他痛恨學校，並拒絕照著我建議他父母的任何形式的準則或指引來行事。就像其他父母一樣，Sam 的父母也懷疑自己是否做錯什麼。如果 Sam 的反抗行為和他們如何處理事情的方式有密切關聯，那麼比起世界上任何事，他們最想做的就是要修正他們的錯誤。

Sam 的父母坐在我的辦公室，等著我解釋為什麼再多的威脅或賄賂、咆哮、負增強、限制、積極介入教育法或消極隔離教育法、堅持、「好的」溝通或從結果學習，管教的成效都沒什麼差別。所有試圖重新塑造 Sam 行為的方法，卻使他進入一種野性的混亂之中。的確，所有教科書的指示，一如我同事和我已經執行了超過十年，卻只是讓事情變得更糟。

當 Sam 的父母告訴我，過去一週 Sam 所惹的一切麻煩之後，我被一個沮喪的想法所擊倒：如果 Sam 的錯誤行為一直持續著墮落循環，五年內，這個充滿精力和創造力的年輕人，將有可能變成一個乖戾的、忿恨的、憤怒的青少年。雖然我對於承認這件事感到困窘，但在過去當我的建議不能奏效時，我會歸咎於父母、老師、社會、電視或電子世代。但是當那天我組織我的想法後，我告訴我自己：「如果 Sam 的父母照著我的建議做，而我的建議沒效的話，那麼也許是這些建議有一些根本上的錯誤。」

這項理解讓我的想法有了轉變。如果我想要能真正地幫助 Sam 和他的家

庭，那麼我應該要回去整合並再度評估所有我的教科書答案。這就是我如何發現有些事情真正讓人吃驚，而這些事徹底改變了我在辦公室和家庭生活中處理行為問題的方法。直率地說，我理解到父母無意識地認為，他們要為在養育小孩時遇到的問題負責任；事實上，成人和小孩是一起形成他們的動態互動和議題。

的確，當大人在成人關係上遇到麻煩時，我們被教導要去認清我們如何造成問題。但是當遇到親職問題時，我們往往完全忘記對等互惠的概念，並且很容易就立刻責備我們的小孩，同時免除我們對自己的批評（讓責任是單方的）。舉例來說，發牢騷：一個小孩用來影響他們父母的策略。要使發牢騷是有效的，必須有一個發牢騷者在一方，以及父母在對等的另外一方妥協。藉著行為是彼此互動中的基本部分，父母和小孩一起發牢騷。

藉著對親子關係之間的運作變得更加自覺，我們可以藉由「改變我們的行為」，去學習處理我們的問題，而不是試著「改變我們的小孩」。換句話說，如果有個小孩的習慣或行為需要改變的話，第一個需要問的問題便是：「這件事我是否需要先自我檢視一番？」

現在，不要誤解我；我並不是主張你永遠不能再訓斥你的小孩，我確定日後仍有需要訓斥的時候。但我要說明的是：這些哲理和實用的技巧，將協助你變成一個更有洞察力的父母，並讓你能以良好的自我控制和信心回應衝突。它們也將增強你在片段時間解決問題的機會，而無需使用粗暴的策略。

當他^(註)的行為表現像一個小天使，要去疼愛和關心你的小孩是容易又愉快的。但是真正的挑戰，同時也是區分出好的父母和真正棒透了的父母，便是解決平常的和突如其來的問題之能力，一種會保護小孩的核心自我的方式，以及提供他一個穩固、充滿愛的基礎來走入這個世界的問題解決能力。

註：為了簡潔之故，當談論到孩子時，我將以代名詞「他」或「她」交替使用。

三個 R
重新建構、反思和解決

. . . . _____

大多數我們所想到的三個 R 是閱讀（reading）、寫作（writing）和算術（arithmetic），這是我們孩子的教育和智力成長必須的要素。然而與三個 R 相等不可或缺的是協助父母評估他們自己的行為。這三步驟的策略將使你幾乎可以透過任何情形去協商、控制你的直覺反應，以及選擇一個回應困難的方法，而這能從你孩子身上促成一個新的反應。當中的每個步驟本身就是一個有效的方法，但是把它們連結在一起，會形成一個能解決你的問題的有力工具。

三個 R 下列問題並不打算讓你對過去的行為感到罪惡。更確切地說，它們是用來協助你了解你的行為模式、知覺或想法；而這些都需要改變，以使你變成一個更有效能和能滋養子女的父母。在我的經驗中，能寫下這些問題答案的父母，是最有可能產生重要和持久的改變。

重新建構（Reframe） 重新建構意味著集中注意力在「你」身上，藉以發現你自己是如何陷入問題之中並因此而煩惱不已。重新建構你的問題的最佳方式便是停止尋找你自己以外的答案。對於任何困擾你的事，學習問「有效」的問題。這裡有一個無效問題的例子：「為什麼我的孩子每天晚上都需要我搖著他睡覺？」一個更有力的問法是：「為什麼過去九個月來，我都要搖著我的小孩睡覺呢？」你看到了不同之處嗎？有效的問題是一個引導你思考自己本身、自己的情緒、想法和行為的方式。當你問問題的時候把焦點放在你身上，它們將會引導你找出一些你能為此做些什麼的答案。這樣的思考改變也許看來很微小，但是在你小孩身上的正向效益是巨大的。

舉例來說：

- 不是問一個較無效的問題，例如：為什麼我的小孩不停止打架？
- 而是問：我是如何造成了手足爭競的問題？
- 不是問：為什麼我的兒子是如此邋遢的人？
- 而是問：我如何可以幫助我的兒子變得更有組織？
- 不是問：為什麼我的小孩不停止發牢騷？
- 而是問：我是如何鼓勵發牢騷的行為？
- 不是問：為什麼我的小孩是個說謊的人？
- 而是問：我教養孩子的方式是否鼓勵他對我說謊？
- 不是問：為什麼我的女兒不睡她自己的床？
- 而是問：我是如何造成了小孩的睡眠問題？

　　反思（Reflect）　在第一個步驟中，你承認你已陷入使你感到挫折的情況中。現在讓我們來發掘情況是「如何」發生的。這不是意味你必須去追究你的過去，或去接觸你的感覺。這意味你必須清楚的觀察父母—小孩之間的動力，並使用這些訊息作為一個帶來改變的開端。發現你如何「處理」問題。把問題放大並聚焦到自己身上。注意你的行為、感覺、知覺，甚至是你的身體語言和臉部表情。現在你並不需要去了解或解釋，你為什麼做這些事背後的動機，只要自覺你是如何促成問題的形成。把自己變成一個攝影新聞工作者去研究你自己。我將它湊成一個頭字語來協助你來思考你的行為、想法和感覺的方式，而這些都是不經意地促成了手邊的問題：這個頭字語便是 S-T-O-P。

　　看見（See）　重演讓你煩惱受挫的情況。你要能夠視覺化地回想微小細節的情景。

　　思考（Think）　你的想法如何影響你反應的方式？舉例來說，我們假設你每天早上很難讓六歲女兒動身上學。你可能會想：「我的小孩『應該』能夠穿好衣服並準備好上學，而不需要我每一步都盯著她。」這個想法可能會阻止你嘗試不同的方法去處理這個狀況；相反的，你重複這樣想時，問題卻逐步惡化而沒有任何進展。

觀察（Observe） 退一步去注意你的身體語言、聲音的語調以及臉部表情。想像你是一位捕捉瞬間畫面的攝影家，這些照片圖像怎麼幫你更加了解問題？

組合（Put it together） 理解形成問題的情緒和心理交織的因素。舉例來說：當孩子哭的時候，你可能急忙地跑到嬰兒房裡，將你的小孩從嬰兒床上一把抱起。你這樣做的理由便是你感到愧疚，你感到愧疚是因為你將孩子哭泣與疏忽劃上等號。對你的感覺和情緒有更多的察覺，將會更容易終結無效的行為模式。

> **對半準則**
> 對讓你困擾的親職教養問題的形成，你和你的孩子要各負一半的責任。

八的規則

平均來說，在用新方式回應孩子的行為時，至少需要八個分別的「課程」，才可能看到他（她）呈現任何改變的徵象。事實上，在情況好轉之前，有些事可能還會變得更糟。但是如果你堅持下去，成功必會來臨。

解決（Resolve） 準備好解決你的問題。打破無效的行為循環，你需要：（1）承認自己被「困住」了；（2）真實的面對你如何造成這些問題；（3）做有意志的努力以求改變；（4）做出尊重你的孩子是一個能思考和有感覺的個體的改變；以及（5）相信你的小孩有改變的能力。

在下列的章節中，我們會開始使用三個 R 的方法來分析特殊的問題，而你可以使用這項訊息來往前推進。如果過去這些年來，藉著我在這本書中提到的策略，幫助了數千對挫折的父母，使他們對他們的教養能力更有信心，那麼你也能做到！

如何從這本書學習
使用三個 R

．．．．．．．．．．

無論你的問題是大或小，新或舊，藉由向你展示如何「回應」（respond）難題而非「反擊」（react）難題，我都會協助你解決它們。當我們對一個問題做出反擊，我們便不慎地增強或鞏固它了；當我們回應的時候，我們是用帶來改變的態度去行動。我稱這個過程為「回應－能力」，換句話說，就是發展以解決問題的態度來回應問題的能力。

我將這本書組織成一本實用的書。標題是按照英文字母順序安排，資訊也是以馬上容易付諸實行的形式來呈現。這本書藉由帶領你透過分析、策略化和行動的過程，而成為一個資訊來源、支持和指引。在每個主題後面，我會要求你暫停一下，並且使用三個 R 的策略徹底思考自己的情形。這種方式會使你變得更有知覺、能退一步去選擇如何做的行為（而不是基於衝動而行動），會讓你可以有智慧的引導和指導你的小孩。你有能力如此做，而且沒有任何事比這更加有意義、值得做和彌足珍貴。

☼ 如何使用三個 R 來解決（幾乎）任何教養的問題

我想要告訴你如何評估問題是大或小，以及做出一個當場與立即的調整，以緩和困擾你的任何情況。通常大多數解決的方法是明確的，而且包含了常識、同情和堅持。雖然我不能在你身邊，針對你的個別狀況協助你分析和產生策略，但你在這本書發現的哲學和技巧，會讓你有能力自己處理。記得要以對孩子堅固的信任感，和對自己堅定的信心來引導。而最重要的是欣賞你所遇到的困難和衝突，甚至是最令人傷腦筋的問題，因為每個問題都提供你

一個珍貴的機會來關愛和引導你的小孩。

問題

「我的另一半和我在教導幼兒上不同調，我總是扮黑臉，因為他不喜歡看到他的『小公主』難過。」

重新建構

問你自己：「對於我們的差異我如何反應？」

反思

我是否採取比較強硬的立場來補償和另一半教養態度的差異？我們不同的方法造成的衝擊是什麼？我的小孩是否學到了從這個差異得到好處？我如何試著解決這些事？這裡還有其他的議題嗎？

解決

試著去了解你另一半的立場，優先解決問題而不是選擇在那邊生氣，搞清楚你所爭論的是什麼。

* * *

問題

「我的婆婆批評我處理小孩的每件事。」

重新建構

問你自己：「我如何容許她批評我？」

反思

當我婆婆對我的教養有意見時,我說了什麼或做了什麼?傳遞給她的訊息是什麼呢?我該如何回應,既能告訴她停止干涉,同時又能不傷和氣?

解決

首先要彼此尊重,學習用一種能使它結束的方式來回應不受歡迎的建議。例如這樣說:「我知道你的用意很好,但是我會很感謝你的支持而非批評。」

* * *

問題

「我的兒子很固執,有時候我讓他做一些他想要做的事情,只因為我沒有精力去對抗他。」

重新建構

問你自己:「我是如何使他變得固執?」

反思

我做了什麼讓他覺得不需要聽我的?

解決

對焦在設定限制(參見「聆聽」的章節,第 132 頁)。你孩子的性格可能較缺乏彈性,他需要對將到來的改變事先得到警告。

* * *

問題

「我的孩子們一上車就會打架。」

重新建構

問你自己:「對於孩子車上的打鬥我做了什麼?」

反思

我做了什麼來預防孩子們在車上打架?當事情發生的時候,我如何處置他們?

解決

在希望有不同結果的同時,停止再用相同的方式來回應問題。使用預先的思考和計畫,在打架尚未發生之前就阻止它。

* * *

問題

「除了我之外,我的小孩拒絕讓任何人抱他。」

重新建構

問你自己:「我是如何回應小孩對我的依附?」

反思

我是否將這個情況解讀成沒有安全感的象徵?我是否強迫小孩跟其他人在一起?我是否曾試著躡腳離開不告而別呢?

解決

分離焦慮是一個正常發展的里程碑,確定你的小孩是正常發展而且非常愛你。

* * *

問題

「我的小孩看太多電視。」

重新建構

問你自己:「我為什麼允許我的小孩看那麼多電視?」

反思

我是否建立一套清楚的看電視規則?我是否有徹底執行?

解決

設定明確而沒有商量餘地的看電視規則。

* * *

問題

「我的小孩拒絕做家事。」

重新建構

問你自己:「當孩子家事沒做完時,我以什麼樣的行為來處理?」

反思

我有幫助孩子開始做家事嗎?我是否提供足夠的引導?我是否給他
太多的家事?

解決

設定家事做完的時間,並協助孩子開始做家事。稱讚他們的努力,
而不要批評他們完成的工作。

* * *

問題

「我的女兒早上都不肯好好穿衣服。」

重新建構

問你自己：「我是否以對情況有所助益的方式來處理這個問題？」

反思

我是否陷入可以避免的戰鬥中？我是否有足夠的時間來準備？我是否依據自己對孩子脾氣的了解來設定實際可行的期望呢？我做了什麼來前瞻性地解決這個問題？

解決

提早起床十五分鐘，避免匆促的感覺。試試不同的策略。問你的小孩怎麼樣可以協助她解決早晨的一些問題？做一張你期望她每天早上要做的事情的海報。

＊　＊　＊

問題

「我還在學步的小孩抗拒洗盆浴。」

重新建構

問你自己：「我是如何影響我的小孩在洗澡時間的胡鬧？」

反思

我對事情是有幫助還是使它更糟？到底在用海綿沐浴時發生了什麼問題？我是否陷入了不需要的權力爭鬥？

解決

害怕是幼年時期正常的一部分。此時用海綿幫孩子洗澡，跟你的小孩說話使他放心，說：「我知道你並不想洗澡，但是我知道等一下你會覺得很舒服。」

* * *

問題

「我朋友的小孩個個都能做到如廁訓練，而我的小孩就是不會。」

重新建構

問你自己：「什麼是我真正擔心的？」

反思

我是否在跟我的朋友做比較？我是否感覺他們的小孩比我的小孩聰明或比較棒？我是否擔心我的朋友在我背後說什麼或想什麼？

解決

拒絕比較。如果你的小孩不處在壓力之下，如廁訓練將會變得容易些。放棄一個過度教養的心態，並且欣賞你的小孩的原貌，而非他所做的事情。

* * *

問題

「在我們要到茂宜島旅行之前，我的小孩都能一覺到天亮。而現在他每個鐘頭就醒來一次。」

重新建構

問你自己：「我如何能鼓勵我的小孩再一覺到天亮？」

反思

我是否再次造成我的小孩需要我才能入睡？我對這個狀況是加以指導或反彈？我只是在等待他改變，而非去帶頭引導他嗎？

解決

父母需要多次指導他們的小孩建立適當的睡眠習慣（而非一次就成功），要預期到假期和生病的狀況會使你受挫。

＊　＊　＊

問題

「我四歲的孩子不會乖乖的坐著。」

重新建構

問你自己：「我是如何回應她天生的高度活動力？」

反思

此時，我是否在做不可能的要求？我是不是將特徵和壞習慣搞混了？我如何使她專注而不會傷害她的心靈？我是否將責任歸咎於某些不是她的錯的事？

解決

了解和接受孩子的脾氣是你能給她最好的禮物，這也是將她最棒的那一面誘發出來的第一步。

＊　＊　＊

問題

「我那十八個月大的小孩仍然每個晚上至少起床兩次。我們跟公婆住在一起，他們覺得讓她哭是殘忍的，但是陪她起床的是我，而我

被搞得筋疲力竭！」

重新建構

問你自己：「面對這個如此棘手的狀況我能做些什麼？」

反思

我有考慮任何策略或解決方法來處理這個問題嗎？我是否有跟我的
另一半或公婆討論這個情況？

解決

在對於小孩教養議題上有不同意見的時候，跟公婆住在一起可能是
微妙又難以處理的。考慮在假日或長輩們不在的時候，指導你的小
孩建立較佳的睡眠習慣。如果你開始行動的話，你會找出一個補救
方法的。

評估你的教養問題解決風格
你無法改變你所不知道的事情

為了變成一個更有效和有信心的父母，了解你的教養風格是改變的第一步，雖然你或許不甚了解，但你和孩子回應及互動的方式形成了一個持續性的行為模式，這就是你的教養風格。這裡有四種基本的教養風格：權威的（authoritative）、溺愛的（permissive）、隨意的（accidental）和用心的（mindful）。下列的問卷可用來協助你認清你的風格，並指出需要改變的地方。

對於下列每個問題，選擇一個對你來說是最佳敘述的選項。用你的直覺反應所選出來的選項可能是最準確的，誠實面對你自己和選擇跟你自己最像的行為。

父母問題解決風格測驗

如果我告訴我的小孩上床睡覺，而他不聽的話，我會：

1. 打一下他的屁股。
2. 跟他討價還價，說：「如果你同意在該上床睡覺時不爭鬧，我就讓你多玩半小時再去睡。」
3. 再說一遍，但是這次我會走進去關掉電視並說：「去找一本書我們來一起讀。」
4. 說：「該上床了，不然你明天會很累。」在孩子聽進去前，我可能需要重複這句話好幾次。

如果孩子把牛奶打翻了，我會：

1. 因為他的不小心對他咆哮，並命令他清理乾淨。

2. 說：「沒有什麼大不了的」，然後我自己把髒亂清乾淨。

3. 告訴孩子：「不要擔心，每個人都會犯錯」，但是我期望他可以幫我清理
   這團混亂。

4. 尖叫：「你是怎麼了？」且稍後很可能會為我的失去冷靜而感到愧疚。

如果我發現我的小孩說謊，我會：

1. 懲罰他。

2. 訓他一頓為什麼說謊不好的道理。

3. 向他保證說實話不會惹上麻煩，並且讓他知道我希望他下次要誠實。

4. 說：「我知道你在說謊」，以及給我的小孩一個「暫停」（time-out，或稱
   暫時隔離）的處罰，以便讓他學到教訓。

如果我的小孩在公開的場合表現出不好的行為，我會：

1. 打他屁股並警告他如果他不好好表現，我們回家後他會被關進房間裡。

2. 承諾他：「如果你表現好，我會買冰淇淋給你。」

3. 拿出我為這種情形發生的時候所準備的小點心。

4. 帶他去一個安靜的地方，給他「暫停」的處罰，因為我相信能立即讓他了
   解行為後果時，小孩學得最好。

如果我的小孩無禮，我會：

1. 送他回房間。

2. 給他「暫停」的處罰並警告他，下一次再這樣會受到更大的懲罰。

3. 告訴他：「我不喜歡你粗魯，說話時請選擇不同的字。」

4. 咆哮的說：「你敢再對我這樣說話！」

如果我的學前小孩半夜爬起來走進我的房間，我會：

1. 向他咆哮：「回去自己的床上」，要求他停止表現得像個嬰兒。

2. 讓他跟我一起睡。

3. 帶他回自己床上並對他說：「現在是睡覺的時間。」

4. 要求他回到床上睡；如果他拒絕，我會陪他躺在他的床上。

　　如果我的小孩看牙醫時大驚小怪，我會：

1. 警告他：「好好表現，否則你會被懲罰。」

2. 賄賂他：「如果你表現好我會買東西請你。」

3. 了解他是害怕的並試著協助他完成看診。

4. 提高我的音量，用一種不是開玩笑的音調說：「你的牙齒很重要，因此請好好表現。」

　　如果我家的小頑童一直玩電話，當他已經被告知不可以的時候，我會：

1. 打他的手，說：「不要碰。」

2. 不需要說不行，因為我們屋子裡是完全適合小孩活動的。

3. 說：「不要碰。」並且用其他活動轉移他的注意力。

4. 買給他一個玩具電話，希望轉移他玩真的電話的興趣。

　　在用餐時間，我認為：

1. 小孩應該吃他盤子裡的每樣食物。

2. 小孩應該吃均衡的一餐。

3. 小孩應該吃他想要吃的東西，但是我希望他是跟家裡的人坐在一起的。

4. 我還是應該要餵我的五歲小孩，否則他會吃不夠。

　　我對如廁訓練的哲學是：

1. 小孩應該在兩歲半時做如廁訓練。

2. 小孩應該在他想要的時候做如廁訓練，最遲不要超過三歲。

3. 這是小孩的成就，但是一個溫和的催促是無傷的。

4. 關於這點，我沒有意見。

　　如果我告訴孩子，她不可以帶朋友來我們家玩，而她問：「為什麼？你從不讓我帶朋友來家裡玩！」我會說：

1. 「因為我說了就算。」
2. 「沒有什麼好的理由，我想你可以邀請朋友來家裡。」
3. 「你今天就是不能帶朋友來家裡，你為什麼不明天再邀請朋友來？」
4. 「好，就邀請朋友來，但是不要製造髒亂。」

　　如果我外出而孩子要求給她買一個玩具，我可能會：

1. 因為她的要求而對她咆哮。
2. 買一個玩具給她，因為看見她快樂讓我很愉快。
3. 對於這點我沒有一個準則，但是一旦我說不，我就不讓步。
4. 有時候會買一個玩具給她，有時候則不會。

　　如果孩子們在爭吵，我會：

1. 給他們一個警告並告訴他們閉嘴。
2. 跟他們一起坐下，冷靜的要求他們試著和睦相處。
3. 叫兩個孩子進他們自己的房間做暫停的處罰。
4. 讓他們自己解決，但是如果他們不能解決，我就會發脾氣。

　　當我的小孩不聽話時，我會：

1. 打他們屁股。
2. 重複說好幾次，通常以大吼大叫結束。
3. 在他們旁邊等待，直到我看到他們已經做到我所要求的。
4. 說：「我要求你做一些事情，現在馬上做！」

　　當我的小孩在車裡打架，我會：

1. 調頭回家。
2. 一再的要求他們停止打架。
3. 玩遊戲，轉移他們的注意力。

4. 咆哮並警告他們如果他們不停止打架的話會有什麼後果。

　　如果我不喜歡孩子的其中一個朋友，我會：
1. 不許他們一起玩。
2. 間接的不鼓勵他們的友誼。
3. 試著欣賞孩子喜歡那個朋友的理由。
4. 告訴孩子，我希望他不要再跟那個朋友一起玩，但是這件事取決於他。

　　如果我的嬰兒哭泣，我會：
1. 讓他哭泣一段時間；否則他會被寵壞。
2. 馬上抱起他以讓他產生信任感。
3. 試著去確定他哭泣的理由。
4. 有時候抱起嬰兒，有時候讓他哭泣；這取決於我正試著完成哪些家事。

　　當我正在學步的小孩發脾氣的時候，我會：
1. 抱起他並把他放在他的房間。
2. 給他一個擁抱和解釋我說不的原因。
3. 安然度過發脾氣的時間。
4. 多數時候會忽視他的脾氣，但是有時候會叫孩子進他的房間。

　　如果我五歲的孩子在吃藥上讓我很困擾，我會：
1. 緊緊抱住他直到我確定他已經吃完藥為止。
2. 告訴我的小孩他吃藥的理由，賄賂他合作。
3. 協助找出讓藥物比較美味的方法，但是堅持他要吃完。
4. 雖然我知道這是錯的，但是一旦我的小孩身體較好的時候，我將停止餵藥，因為我不能忍受對抗。

　　關於「小孩應該是被看到而不是被聽到」，我的觀點是：
1. 同意。

2. 我反對這句話，這對小孩是不尊重的。

3. 有時候我同意這句話，但是有時候我不同意，這要視情況而定。

4. 我沒有意見。

　　每個問題的第一個答案給一分，第二個答案兩分，依此類推。計算你的分數以解釋結果：

　1-20 分：權威

20-40 分：溺愛

40-60 分：用心

60-80 分：隨意

　　你很可能會發現你的答案會落入一個或兩個類別。當你變得對你的教養風格更敏感的話，你便能夠更有效執行它，並更有可能成為你理想中的父母。

　　「權威的父母」重視順從和尊敬。小孩會被給予一個清楚、堅定和沒有模糊空間的界線，這是很好的事情，因為這協助他們感到安全。但是不利的是會讓小孩因為要避免懲罰而學習表現好的行為，卻沒有學習到區分對和錯。這種教養風格的長期結果便是：當孩子的爸爸和媽媽在旁邊的時候他表現好，但是也許會在他們父母背後表現失控，因為他們缺乏內在的紀律。如果這是你的教養風格，要小心孩子青春期會出現的叛逆。

　　「溺愛的父母」重視愛超過限制。一方面，以此方式下教養的小孩將會感到被欣賞、珍惜和尊重。她知道她的意見很重要，她對自己在家裡所處的位置也感覺到安心。但是另一方面，缺乏限制可能會導致她被寵壞，長大後會苛求別人。另外，不懂得傾聽可能也是一個重要的問題，即使是賄賂或使她感到罪惡的策略可能都沒效。溺愛教養下的小孩可能會愛爭辯、固執，而且跟同伴相處有困難。即使父母親為了他們的孩子妥協讓步，孩子的行為卻經常使父母親落得失望的下場。

　　「隨意的父母」回應問題會不一致，這完全依據她的情緒、精力或在家裡的壓力程度。她的衝動反應有時候可能是規勸小孩，但下一次卻懲罰同樣

的錯誤行為。雖然小孩經常會學習到解讀父母和參與反應，但這樣被教養的小孩可能因為父母不一致的行為而感到困惑。小孩將可能視他的父母是情緒化但充滿愛意、好意但無法預測、熱忱但卻喜怒無常的。最常見的是，隨意的父母會在溺愛和權威的立場之間突然的轉變，因此小孩將會體驗這兩種風格的有利和不利之處。

「用心的父母」會體認到愛和限制兩者的需求，因此，小孩能在感到被珍惜和安全的氣氛下成長。用心的父母了解小孩是需要界線的，即使他發現立場堅定很困難，但他還是會如此做，因為這樣才是對小孩最好的。他試著了解小孩的觀點，但是不會因此降低期望。這樣的父母體認到人非聖賢，如果他犯錯的話會跟小孩道歉。他知道他做的每件事情都是在教小孩，並試著讓每一課都是有價值的。同時，他接受孩子的不完美，就如同自己也一樣。

很可能，你使用某個風格來處理你的教養問題，但當這個方式無效時，你就會轉換成另一種風格。當你變得更一致性的回應困難的時候，就可以培養出更固定和更用心的反應。毫無疑問，用心的方式對孩子的情緒和心理健康最有益處。

依據最近《大眾精神病學彙刊》（*The Archives of General Psychiatry*）的研究報告指出，藉由使用教養技巧，父母可能會降低小孩罹患精神疾病的可能性。

但是我的配偶有不同的方式

當孩子想要某些東西時，關於該去問誰和避免去找誰，小孩學得非常快，因為爸媽之間很少會使用同樣的問題解決風格。除此之外，許多父母感覺他們需要過度補償彼此不足之處。一個相信丈夫過於仁慈的母親可能在她施以懲罰的時候會比較嚴厲，其後可能會對她所需扮演黑臉的角色感到憤怒。至於丈夫的部分，可能採取自由放任的態度以對應太太權威的態度。除非夫妻

有一個策略來處理他們的歧見，否則可能會出現婚姻問題的副作用。下列的要素是關鍵所在：

1. **尊重**　當你的配偶插手干預或批判你如何處理狀況時，你可能不會感激他，然而無論你同意與否，總要站在你配偶這一邊，如此你的小孩會認定你們是一個團隊。

2. **接受**　就像我已經提過的，你無法強迫另一個人改變──無論是你的小孩或是配偶。相反的，接受你的配偶是一個獨立有自己風格的個體，並努力建立一個中間立場。

3. **讚賞**　當你們雙方都不感覺有防禦心時，坐下來彼此討論一下你們的歧見。開誠布公的討論直到你們達到一個彼此都能接受的共識。

　　毫無疑問的，藉由誠實的評估你的行為，可以改變你教養小孩的風格。當你學到用愛和限制的方式來回應你的小孩，你將會發現不只可以解決你的問題，而且要解決的問題也會變少。

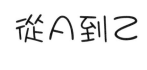

從A到乙

教養的難題
與因應之道

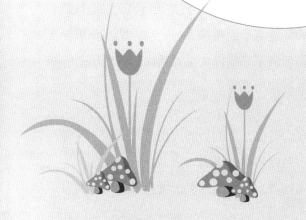

生氣
(*Anger*)
消除怒氣並善用它

如同生活裡大多數的事情一樣,生氣這件事並不全然是好的或壞的。當生氣可以激起小孩做得更好或更努力嘗試便是一件好事,而當會導致毀滅性的行為,例如情緒爆發、恃強凌弱、攻擊或不高興便是壞事。三十二歲的 Tracy 即將要生第二胎,她並不擔心她三歲小孩 Emmy 的脾氣,每個人都將 Emmy 的壞脾氣怪罪於她的一頭紅捲髮。不過,Tracy 還是請她的小兒科醫生給予一些建議。她的醫生覺得當 Emmy 的語言技巧發展好時,她的怒氣會減少。Tracy 回憶說:「我們有給她時間,並且聰明的選擇我們之間的戰鬥,但是 Emmy 的脾氣卻愈來愈糟。」有些小孩就像小 Emmy 一樣,易怒或天生性急。一個易怒的小孩必須被允許有生氣的感覺,但是要教他不能將怒氣發洩在其他人身上。以下是告訴你如何做的方法:

表達 vs.抑制　允許你的小孩藉由生氣、亂塗鴉、大聲聽音樂、原地跺腳或是(對於較大小孩)在電話中聊天表達他的怒氣,但是要教導他口語攻擊、沒禮貌、踢人、丟玩具或是亂發脾氣等都不能被接受。一旦你的小孩平復下來,告訴他:「用你的話告訴我是什麼事惹惱你。」對於尚未發展口語的幼兒,你或許需要藉由觀察來為他詮釋他的感覺:「我想你生氣是因為姊姊不讓你輪流玩球。」

冷靜　當小孩直接對你發脾氣的時候,你的冷靜可讓你幫助孩子安靜下來。儘管這對你來說或許不容易,但仍然是做得到的。

給予引導,而非命令　不要用咆哮來制止小孩亂丟玩具的行為,而可以

說：「我不喜歡你亂丟玩具，因為我擔心你會受傷。我喜歡你用積木來蓋房子或橋樑，而不是拿來亂丟。」

增進責任感 教導孩子為他們的行為負責。雖然這對於孩子來說，聽起來像是一個複雜的概念，但你可以在日常生活中培養孩子這個態度。舉例來說，Veronica 的兒子 Tom 愛打籃球，他卻在選拔賽中生病，因此沒被選上校隊。有好幾天，Tom 可能什麼事也不想，只會跳腳抱怨：「這不公平，這不公平。」（我也不認為這是公平的。）幾天過後，當 Tom 不再因為這件事而氣沖沖時，他的媽媽才走進來說：「Tom，我同意這不公平。但是我不能同意你對家中每個人發脾氣。」

五個不用來回應怒氣的方法

1. 進行懲罰。就如同你所能想像的，因為小孩生氣而懲罰他，只會在相處的路上製造更多的挫折以及敵意。
2. 若想靠著說：「你沒有權力覺得生氣。」來弭平怒氣，只會導致日後無法控制的情緒爆發。
3. 過度反應。一個高張的回應會留下發脾氣是反擊問題的合理方式的印象。
4. 偏袒。當你偏袒時，會造成只有輸或贏的結果。
5. 講道理。不要在他生氣的時候用講道理的方式來緩和孩子的挫折感。

給予選擇 之所以會生氣，部分是因為我們感覺到沒有選擇或無法控制我們生活的事件。如果父母對孩子過度保護或過度批判，這種感覺很可能會發生。

做個好模範 當你愈來愈激動時，藉由從一數到十、深呼吸一下，或做任何對你有效的事學著鎮定下來。若你能控制你自己的脾氣，就可以幫助小孩學習控制她的脾氣。

早期介入 當一個有發怒傾向的孩子要變得激動的時候，利用「電梯遊戲」來協助他鎮定下來。要求孩子想像她在一部準備下降的電梯裡面，你跟

她一起數下降的樓層：十樓、九樓、八樓⋯⋯孩子的怒氣將會如同電梯下降般減低，當到達地面時，她的怒氣可能就消除了。

尋求支持團體　我經常建議父母參加生氣管理的團體或工作坊，即使對那些已經應付得很好的父母，我也會如此建議。支持團體有價值的地方在於父母之間彼此的分享。全體父母一致同意，「我從其他父母身上學到最多」，或是「當我了解我不是唯一對抗這些議題的人時，我感覺心頭上的重擔放下了」。

處理生氣的一個基本方向便是協助小孩去表達情緒、想法和考量。這裡有些如何協助孩子用言語表達感覺的小祕訣：

· 問一些需要不只回答是或不是的問題。如果你問一個詳細的問題，比較可能會有一個開放性結果的對話。舉例來說，「你下課時間都跟誰玩？」或「你可以告訴我你今天覺得最棒的事是什麼？」

· 如果你的小孩不想要說話，你要有耐性。不要嘮叨，而應該這樣說：「我可以感覺你現在不想說，但當你準備好要說的時候，讓我知道。」

· 當一個好聽眾。不要用問題轟炸你的孩子且只聽一半答案。注視著你的小孩並鼓勵他繼續說，例如告訴他：「聽起來你今天似乎過得很糟。」或是「你和你的女朋友是為了什麼吵架？」

· 停止在車上講電話。我和孩子曾經有過的最佳對話，有些便是發生於當我們坐在車上一起去辦事的時候。在車上不會被其他事分心的特性，促進了深度的溝通和彼此的連結。

如果你的小孩生氣了，而且這個行為是在她個性上有明顯的改變時，試著搞清楚是否發生了什麼嚴重的事情。跟老師討論，跟保姆討論以及直接跟小孩討論。雖然沒有任何人想要心存是性虐待或身體虐待的想法，但當任何一個孩子沒有明顯理由卻不尋常地生氣時，這是應該列入考量的。

☀ 脾氣、脾氣

六歲的 Jack 是一個「精力充沛」的小孩。他喜歡跟他朋友在外面玩，當他媽媽要求他進來的時候，他會生氣，真的生氣。昨天，當 Jack 的媽媽叫他回來吃晚飯的時候，他拒絕並說：「我不餓，我不想要吃任何晚餐。」他媽媽說：「這不是重點，現在馬上給我進來。」鄰居們等著看接下來發生的事，因為 Jack 素以他的脾氣聞名。在他說了一長串粗話之後，他進來了，媽媽讓他有關上門的時間。她氣壞了又覺得難堪，因此她打了 Jack 的屁股，並叫他回自己房間去。然後，她跟著上樓並持續咆哮：「你竟敢讓我在我朋友面前丟臉？永遠不准再那樣對我說話！不管怎樣，你以為你是誰？」這位母親的反應是可以被理解的嗎？毫無疑問，我們也是人。但這有幫助嗎？沒有幫助。對於我們如何處理自己的怒氣開始有所自覺，是協助孩子處理他們憤怒的一個必要部分。你會很容易就發脾氣嗎？你會咆哮怒罵嗎？你會發牢騷和抱怨嗎？你會發洩情緒嗎？孩子從他們所愛的大人身上的範例，學到處理他們情緒的方法。當你是建設性的處理自己的怒氣時，你不只幫助了自己，也幫助了你的小孩。下列縮寫 A-N-G-E-R 便是用來協助你控制你的舉止，以回應你的小孩情緒爆發或是其他衝突。

根據最近由美國國家心理健康研究院（National Institute of Mental Health）所做的研究，那些比較容易生氣和較沒有彈性的媽媽，傾向會教養出較缺少同情心的小孩。

☀ A-N-G-E-R

- 意識到你的生氣（**Acknowledge your anger**）　除非你接受情況的存在，否則你無法改變它。
- 察覺你所生氣的是什麼（**Notice what it is you're angry about**）　「當我必須

說六次『睡覺時間到了』，我的小孩才聽進去時，我覺得很受挫。」弄清楚你生氣的理由，可以協助你認清生活中需要改變的事情。

- **減慢速度（Gear down）** 學習利用深呼吸、數到十、聽音樂、寫作、畫畫、亂塗鴉或創作、跟一個有同理心的夥伴聊聊天、擠壓球或睡覺等來緩和你的怒氣，找出對你有效的策略。

- **使用「我」語言來表達你的生氣（Express your anger using I language）** 「當你不聽我的話的時候，我會覺得生氣，因為我擔心你會傷害你自己。」「我」（I）語言讓你成為自己情緒的主人，不會使你的小孩因為讓你心煩意亂而感到愧疚。

- **認清你在問題中的部分（Recognize your part in the problem）** 「我對於發脾氣感到抱歉。我並沒有跟你解釋我要你怎麼做，便要求你做某些事。」

事實上，對小孩來說，「善用」她的怒氣遠比表達怒氣更有價值，因為表達怒氣真的無法改變什麼。當五歲的 Kelly 從學校回到家，就像隻大黃蜂般的發狂，因為她以為 Lisa 是她最好的朋友，但 Lisa 卻不讓她玩積木。Kelly 的媽媽說：「你可以繼續生氣，或是你也可以邀請 Lisa 過來，試著解決你們之間的事。」Kelly 學到善用她的怒氣來採取一些行動，這是她在生命早期中學到最棒的一課。

採取「回應－能力」

父母經常發現他們自己被問題困住了。他們極度地想要處理它，卻不知道要從何著手。這時分析和思考策略可以協助父母了解他們的角色，並認清他們需要做什麼來改善。去思想問題的結果只會花一點時間，但好處是顯著的。如果你還沒有這樣做，試著用三個 R 來發展一個回應孩子生氣更有效的策略吧！

徹底思考 THINK IT THROUGH

重新建構

問你自己：「我是怎樣助長了孩子的怒氣？」

反思

下列問題可以協助你評估自己的教養方法。請誠實作答；否則你將破壞幫助孩子的機會。

1. 你是否覺得你必須小心謹慎，避免孩子不高興？
2. 你是否會因為孩子發脾氣而生氣？如果孩子咆哮，你會吼回去嗎？
3. 如果孩子行為表現不好，你會處罰他嗎？這樣是否改善了他的行為？當你被惹惱的時候，你的懲罰是否會比較嚴厲？
4. 你了解孩子的怒氣嗎？
5. 你教孩子處理怒氣的正面和負面教訓是什麼？
6. 當你在處理孩子的怒氣時，你容易說一些或做一些稍後會感到後悔的事嗎？
7. 你在斥責孩子的時候會用哪種類型的語言？

解決

· 現在你對於你的行為形式有一個較清楚的印象，讓我們想一想需要被改變的問題。

· 把你需要努力的議題，從最重要到最不重要的程度排列出來。

　　1.壓力程度＿＿＿＿＿＿＿＿＿＿

　　2.個人怒氣＿＿＿＿＿＿＿＿＿＿

　　3.忍受程度＿＿＿＿＿＿＿＿＿＿

　　4.失望感＿＿＿＿＿＿＿＿＿＿＿

　　5.客觀性＿＿＿＿＿＿＿＿＿＿＿

6.脾氣控制＿＿＿＿＿＿＿＿＿

· 現在花一些時間想想，對於這些你已指出有問題的區塊，你該怎麼做。

· 讓我們發展一些特殊的目標，來協助你確認哪些改變最有益。舉例來說，「我想要能夠超越孩子的怒氣，並能不發怒地去回應他（她）。」

· 列出四個目標：

1.＿＿＿＿＿＿＿＿＿＿＿＿＿＿＿＿

2.＿＿＿＿＿＿＿＿＿＿＿＿＿＿＿＿

3.＿＿＿＿＿＿＿＿＿＿＿＿＿＿＿＿

4.＿＿＿＿＿＿＿＿＿＿＿＿＿＿＿＿

· 確切的安排你將如何達到你的每個目標，你執行計畫的步驟要非常具體。

＿＿＿＿＿＿＿＿＿＿＿＿＿＿＿＿＿＿＿＿＿＿＿＿＿＿＿

＿＿＿＿＿＿＿＿＿＿＿＿＿＿＿＿＿＿＿＿＿＿＿＿＿＿＿

＿＿＿＿＿＿＿＿＿＿＿＿＿＿＿＿＿＿＿＿＿＿＿＿＿＿＿

頂嘴
(*Back Talk*)
如何反應才不會過度反應

‧‧‧‧‧‧‧‧‧‧

「為什麼我應該做？」「你不能強迫我。」「真是的！」「你真小氣！」「你從不幫我。」「我恨你！」等等之類的話，聽起來熟悉嗎？頂嘴對今日父母親而言是最感到挫折的問題之一。我們大多會把頂嘴跟青少年聯想在一起。然而，由於電視、電影、手足和更寬容的教養方式的影響，現在的小孩比以前的小孩更會頂嘴。為何小孩會頂嘴？跟成人這樣做的理由相同：挫折或生氣的抒發、表現酷的一面、表現自己、報復、感覺有權力、引起注意、習慣性的表示、發洩情緒、讓手足或朋友留下深刻的印象，或是為了惹惱父母。

一些資深的教養專家建議你可以利用負增強（懲罰或後果）來回應頂嘴。例如，如果在去孩子足球比賽的途中，他大聲對你說話，許多專家會建議你把車調頭並直接回家，但是我不同意這樣做。不消說我知道這個策略必會奏效，但同時我也真的不認為，你需要使用游擊戰術來讓你的觀點被理解。在這章，你將會學到以和平的方式去回應頂嘴，而這種方式同樣有效，同時不會引起太多的厭煩和心理不安。

儘管我不認同頂嘴，但我確實欣賞直接和誠實。我想要我的孩子對事情的態度是肯定的；我想要他們表現出他們的需求；我想要我的女兒能大聲說出並暢所欲言地表示她的意見；我要我的兒子能建設性的和這世界上不是非常友善的人相處。而這些所有的考量都跟我如何回應頂嘴有關，我想要我的孩子們學習到在不把別人貶低的狀況下，維護自己的觀點。下列關於頂嘴的

策略是基於一個教養的哲學，而此哲學是以尊重和常識為基礎。

連結 vs. 拒絕　我喜歡用一個問題來回應頂嘴：「當你說我小氣的時候，你想我的感覺如何？」藉由請孩子去想一想他們所使用的詞彙，將可教導他們在說話前再多思考一次。

教導，不要說教　藉由教導他們一個有建設性的溝通方式，來說明你對於小孩頂嘴的看法。在愛和尊重之下，小孩學得最好。如果你告訴孩子準備上床了，而他回答說：「你不能命令我！」不要馬上陷入一個權力鬥爭中，只要說：「你是對的，我不能命令你。但是下一次，我希望你說：『媽，我可以在看完卡通後，才準備上床睡覺嗎？』」用這種方式，你可以示範給孩子看，如何在沒有爭辯和攻擊下，以肯定的方式回答。

客觀，不要主觀　不要把頂嘴看成是針對個人。我們所說的話常會造成我們不想要的效果，我們的小孩也是。當你著重在說贏對方而非引導對方，頂嘴很容易變成一場權力鬥爭。然而，當你把頂嘴看成是一個小孩在爭自主權和獨立的議題的正常發展，你就可以沒有挫折地面對它。

回應，不要反彈　你可以用一些方式處理頂嘴，使頂嘴的情形減少。其中我發現特別有用的策略便是：去回應你的小孩，來取代對他的行為做出反彈。這裡有個例子告訴你如何做：

小 Johnny：「媽，電腦出了什麼問題？不能用了。」

母親：「我不知道。等你爸爸回家，他能幫你修理電腦。」

小 Johnny：「你不是什麼都知道的嗎？」

母親：「我知道許多事，但是如何修理電腦，剛好是我不會的。」

反應，但不要過度反應　反應愈大，則出現的狀況愈大。如果孩子不能從你那裡得到，他們就不會再厚臉皮、耍無賴了。舉例來說，每當你要求學步的小孩做某些事的時候，如果他回答：「不」，不要跟他發生權力的爭執。

頂嘴本來就是會惹惱你，因此最佳回應的方法便是保持冷靜。

正確說話 接下來的幾天，仔細注意你如何跟你的小孩以及其他人說話。注意你選擇的話語、表達方式、肢體語言和聲音的語調。你是否會諷刺、跋扈或是堅持已見呢？你是否會過度批判呢？你是否需要得到定論呢？你是否會小聲的咒罵呢？你是否會誇大或極端的說話，例如：「你『總是』忘記把你的玩具收好！」或是「你『從不』收拾你的床！」極端的語言會導致爭吵。你，同樣可以聰明的選擇你說的話，藉著這樣做，你會教導你的小孩以正向的方式來處理生氣、挫折以及失望。

培養對話 看穿你的生氣和挫折，並且得到與孩子連結的機會的好處。如果孩子對你的態度不好，你可以說：「看得出來有些事困擾著你。你想談談嗎？」

☼ 克服頂嘴

你六歲的孩子在生氣，因為他想要吃巧克力棒，而你不買給他。你說：「你可以在吃完晚餐後吃甜點，但是現在不能吃。」他反駁說：「你是最壞的爸爸！」你如何回應呢？

不要這樣做

· 警告你的兒子：

　「如果你這麼沒禮貌，等一下就不能吃甜點。」

· 訓斥他無禮：

　「我在你這個年紀的時候，從不會跟我的爸爸這樣說話。」

· 因為孩子對你耍脾氣而懲罰他：

　「進去你房間，直到你已經準備好有禮貌一點。」

可以這樣做

- 教導你的小孩如何有禮貌的回應：
  「下一次只要說謝謝就好。」
- 控制自己：
  「當你得不到你想要的東西時，是很難受的，不是嗎？」
- 讓你的小孩了解到，在受到他的批評時，你的感覺是什麼：
  「你這麼說讓我很難過。」

至少有些時候，對話中的最後一句話是讓你的小孩說的。否則，頂嘴只會轉變為權力的爭執。

徹底思考 THINK IT THROUGH

重新建構

評估：「我如何影響孩子的頂嘴？」

反思

使用頭字語 S-T-O-P 來協助你將焦點放在你的行為。

1. *看見*：重新回想引起你煩憂的狀況。

   ＿＿＿＿＿＿＿＿＿＿＿＿＿＿＿＿＿＿＿＿＿＿＿＿＿＿＿

2. *思考*：我的想法如何影響我反應的方式？

   ＿＿＿＿＿＿＿＿＿＿＿＿＿＿＿＿＿＿＿＿＿＿＿＿＿＿＿

3. *觀察*：退一步觀察，並注意你的肢體語言、說話的語調和臉部表

情。想像你是一個捕捉電影片段的攝影師，這些照片說明了什麼能幫助你更了解問題？

_____

_____

4. *組合*：你的心理和情緒的狀況是如何影響你直覺的反應？

_____

_____

解決

・發展一個如何建設性地回應頂嘴的行動策略。讓這個策略在你腦海中全盤釐清與推演過，而當下次頂嘴的情況發生時，你就能正確地知道該說什麼和做什麼。

_____

_____

・對於下列的每個方案，填入：(1)你通常都如何反應，(2)在最佳情況下，你該如何回應。

　1. 你買給六歲女兒一件新的 T 恤當作驚喜。她看了看說：「真醜。」

　　(1) _____

　　(2) _____

　2. 你告訴六歲的孩子去穿上她的鞋子，因為上學的時間到了。她突然不耐煩地冒出：「囉唆！」

　　(1) _____

　　(2) _____

　3. 你告訴你的兒子準備上床睡覺了，他卻怒氣沖沖地頂撞你：

「你不能命令我去做什麼事情。」

(1) _____

(2) _____

尿床
(*Bed-wetting*)
不要感到羞恥，不要責備

眞是令人驚訝！五歲到九歲的小孩有 10%會尿床，那意味著有 500 萬到 700 萬的小孩會在今天晚上弄濕他的床。「夜間尿床症」（Nocturnal enuresis）是醫學上的術語，用來描述五歲以上孩童所發生的尿床行為。根據最新的研究，較大的小孩持續尿床，是因為不成熟的排泄模式的交互影響：過少的夜間乾燥荷爾蒙（抗利尿激素，ADH）和深層睡眠形式。尿床不是反應潛在的情緒或行為問題，但是它可能是一個壓力的來源。

統計上的說法

· 如果父母之一曾經是尿床者，則他的小孩有 40%的機率也會如此。

· 如果父母雙方都是尿床者的話，小孩尿床的機率再加倍。

☀ 「我該怎麼做？」

· 採取實用的步驟。如果你是以膀胱無法儲存晚上累積的尿液的觀點，那麼限制小孩在睡覺前的液體攝取是很合理的。相對的，讓孩子在上床前去上廁所，可以減少需要儲存過夜的尿液量。

去看醫師，如果……

· 孩子長時間都沒尿床後又開始尿床。

· 白天開始出現尿床。

· 孩子尿尿時有疼痛或灼熱感、頻尿或尿血尿。

· 孩子比平常喝得多。

· 孩子在尿尿的時候要很用力。

· 孩子情緒健康有改變的時候。

· 尿床會引起家中的緊張。

· 孩子的自尊因此而受影響。

· 不要懲罰。孩子不是故意尿床，最佳態度便是寬容、尊重和耐心。這傳送給孩子一個訊息，便是尿床這件事是正常的，而且你對於他未來有一天不會再尿床的能力是有信心的。避免給予難解的壓力，例如：晚上不尿床就提供獎賞，因為這傳送一個訊息：不尿床是可以透過意志力做到的，但其實是不行的。

· 教導你的孩子尊重他的身體。今日的大人並沒有以這樣的心態來養育孩子。然而，尿床是一個機會教育來教導孩子，他的身體是強壯和健康的。

· 給予孩子有力的支持。教導他關於身體和會引起尿床的各種因素。你教育他的成效愈好，他的安心程度愈高，害羞或困窘的感覺也愈低。

· 你應該鼓勵孩子更換他自己的床單嗎？這要看是否有附加任何苛刻的弦外之音。如果孩子要求要自己更換床單，我不會阻擋他。但是換句話說，要求孩子更換自己的床單或叫他洗衣服，可能被解讀成是一種懲罰。

· 有創意的處理尿床事件。舉例來說，我知道有家庭會把床鋪上兩層床單，如果一層濕了的話，孩子可以很容易地把濕的床單換掉，而有一條新的、乾的床單準備好備用。我知道有一位媽媽，她會在她兒子的睡袋旁縫上一層防水的布，孩子在朋友家過夜就不再是一個問題。

· 有時不要讓孩子穿練習褲，因為孩子可能是因為習慣而尿床。

· 小心那些保證會成功的治療療程。

· 和你的小孩分享尿床的故事：告訴他：「你的叔叔 Joe 會尿床，直到他九歲的時候才改掉。」或「你的表哥 Sam 是一個很棒的曲棍球選手，在十歲之前也都會尿床。」

· 在家維持一個不嘲笑的規則。

醫生的角色

如果你的孩子已經因為尿床而表現出挫折或有想要處理尿床的動機時，那麼跟你的小兒科醫師聊一下處理的方法。兩個最常見的解決方法是床濕警報器系統和一種叫作「迷你寧」（desmopressin, DDAVP）的抑制尿分泌荷爾蒙藥物。

統計資料

· 到了三歲半的時候，66%的小孩晚上能保持乾爽、不尿床。

· 到了四歲的時候，75%的小孩不尿床。

· 到了八歲的時候，則有 90%到 95%的小孩不尿床。

· 到了十二歲的時候，只有 2%到 3%的小孩會持續尿床。

床濕警報器最初是藉由觸發警報來反應潮濕的最先徵兆，讓小孩的腦部學習到將小便的知覺與起床的需求相互連結。在我的經驗中，這警鈴大部分是把父母叫醒，多於叫醒小孩（大部分尿床者通常都睡得很熟）。這個警報器會有用，但不是每個父母都想要再經歷又一次睡眠剝奪的循環。床濕警報器有效的比率在 60%到 90%之間，完全視你所讀的研究報告為何。它們對於那些有時已經不會尿床的小孩最為有效。當不再使用床濕警報器後，尿床的復發率很低。

接下來的選擇便是DDAVP「迷你寧」藥物。此荷爾蒙對於減少整夜製造

的尿液量有效，可以協助小孩保持乾爽。跟所有藥物一樣，它也有副作用，一般來說並不嚴重，腹部疼痛和頭痛是我的病人停止使用此藥物的主要原因。DDAVP 是有效和安全的。

不尿床後的尿床

　　一個已經持續一段很長的時間不再尿床的小孩，可能又回復尿床，這種情形並不少見。通常，這可能跟壓力或小孩生活的改變有關，例如：一個新的手足誕生、搬家、家庭情況的改變，或即使看到一部恐怖電影都會造成。這種情況下，最佳處理尿床的方式便是消除孩子的疑慮，並且處理造成焦慮的問題。如果孩子的壓力沒有顯著的原因，那麼去請教你的小兒科醫師，以便排除醫學上的原因。

採取「回應－能力」

　　誠實地看一看你如何和小孩在尿床的議題上互動。你可能無法改變他尿床的事實，但你對他處理尿床的方法可以有很大的影響。問你自己：「我是如何處理小孩尿床的事？我如何能協助他在這種狀況下，感覺生理和情緒都放鬆？」當你開始用積極的方式來思考，你會了解到你可以幫助孩子接受他自己，而不會感到困窘或羞恥。

徹底思考 THINK IT THROUGH

重新建構

問你自己：「在尿床的議題上，我是如何支持我的小孩？」

反思

這裡有個關於問題區塊的表列，在每個有關於你的問題上，記下你的想法。

1. 困窘 _____

2. 挫折 _____

3. 經濟狀況 _____

4. 擔心 _____

5. 嘲笑 _____

6. 情緒 _____

7. 自尊 _____

8. 不方便 _____

9. 責難 _____

解決

· 如果你感覺到目前為止，你還沒有處理得很好，也不要沮喪，只要確認哪些事你需要以不同方式去做，並繼續前進。

_____

_____

_____

· 你可以協助孩子帶著尊嚴和尊重去學習接受他尿床的事實。

爭競對抗

(*Bickering*)

學習與它共處、學習去減輕它

．．．．．．．．．．．

我承認有時孩子們之間的爭競對抗會使我抓狂。就在今天早上，我的孩子們才剛為了輪到誰坐大沙發而爭競不休。就像往常一樣，爭競對抗在我最小的孩子的哭泣聲中結束了。許多有專門證照和受過高度訓練的專家宣稱：手足爭競對抗對於小孩是有益的，因為可以教導他們協商、妥協和同理心，但這就是我和這些專家們不同的地方。雖然我相信他們所說的有些是事實，但我強烈質疑手足爭競對抗這件事是有益的。二十多年來，我已經看到手足爭競對抗是一個具長久影響的嚴重問題。它可能使家庭生活處於高度壓力和不愉快的氣氛，也可能傷害孩子的自尊，且似乎會導致侵略和操控的現象。如果手足注定會爭競對抗的話，而這些爭競對抗應該要對我們的小孩是有益處的，那麼父母顯然需要去解決爭競對抗的紛爭。但是我忍不住要懷疑：我們能接受手足爭競對抗，是否因為我們感覺無力去改變它。難道爭鬥後的講和會比抗拒爭鬥更容易嗎？

我可不認為！父母可以有意識的去努力，不要種下不滿的種子。舉例來說，昨天在我辦公室的兩個較小的小孩，因為一輛玩具卡車而打架，使得他們的媽媽跟我無法談話。在絕望下，媽媽轉過頭，對兩個小孩中較大的 Bobby 咆哮，要他把卡車給弟弟。Bobby 照做了，但卻是把卡車丟在他弟弟的頭上，以至於後來弟弟需要縫四針來止血。我並不是責怪媽媽（媽媽已經感到自責了）讓孩子陷入彼此之間的競爭中。然而我想我們大人可以付出更多的關注，來避免我們不知不覺在手足之間煽動的仇恨。

不要在爭競對抗的情況中，習慣性責罵較大的小孩，小心做出類似這樣的評論：「你年紀比較大，應該比較懂事。」如果你讓較大的孩子為他們共同的問題負責任時，較大的小孩會怨恨較小的小孩。

其他常見的錯誤是試著給手足相等的注意力。就算我們試著給孩子每件事相等的數量，例如玩具、愛、注意或相等的時間，他們一樣會對內容產生懷疑。他們持續找尋不公平的地方，說類似這樣的話：「你先親了他！」或：「為什麼他的蛋糕比較大片？」

今天在我辦公室內，電腦分析師 Stacy 要求我佯裝去檢查她六歲的女兒 Melanie。因為我剛剛檢查過妹妹，而媽媽擔心 Melanie 會嫉妒她的小妹妹。這肯定是一個困難的景況，而我們都曾經身處其中。其實更有建設性的處理方法，便是把手足視為單獨的個體，而非相同的個體。舉例來說，如果 Melanie 抱怨還沒輪到她，媽媽這樣說會比較好：「我知道你很失望沒輪到你，但你要不要告訴 Cathryn 醫師你今天在學校做了些什麼？」你滿足了她被注意的需要，但你是以一種不會刺激競爭的方式來滿足她。

當我被要求協助一個家庭處理手足對抗時，我會跟父母說：「在我們進行解決方法之前，我們需要了解問題。」然後我後退一步，在不介入的狀況下觀察孩子。我建議你也可以做同樣的事：花點時間，問你自己下列的問題。

1.**孩子們是在爭鬥或打鬧？** 我首先提到這個問題，因為在我的經驗中，這兩件事聽起來很類似，然而只有一個是問題。如果你的小孩只是打鬧，而音量是你可以容忍的話，那麼最好讓孩子們玩得開心並享受彼此的友情。不然，你可以要求小孩安靜點或在其他房間玩；另一個選擇是試著享受孩子正在享受彼此玩鬧陪伴的這個事實。

2.**孩子是否感到疲倦、飢餓或是挫折？** 昨天晚上 Max 問 Marissa 可不可以借他黑色蠟筆。Marissa 至少有二十枝黑色蠟筆，卻說：「不行，為什麼我要給你？」我的第一個反應便是想怪罪 Marissa 並命令她要分給 Max，但是

我制止了自己。如果不愉快的挫折、很糟的一天、身體覺得不舒服、壓力、筋疲力竭會導致我變得易怒，那麼我的小孩何嘗不會如此呢？這個挑戰是試著去找出問題的根源所在。舉例來說，你小孩的不愉快可能是飢餓、無聊，或是過度疲倦所引起，看是什麼狀況，餵飽你的小孩或讓他小睡一會，這樣做會遠比消極隔離或教訓孩子要分享來得有效得多。當你學會在回應之前先評估每個狀況，就能夠區別爭競對抗的種類，並依據狀況來予以回應。

> 練習同理心而不是同情心。當你用同理心去了解孩子為什麼爭競對抗時，就會讓你能以溫和但堅定的方式解決問題。但是不像同情心，同理心並不會降低或改變你對他們的期望。

3. **我的小孩覺得無聊嗎？** 當小孩想不到其他事可以做的時候，就想要製造問題。雖然最後可能會惹上麻煩，但是對小孩而言，負面的注意比完全沒得到注意來得好。在這兒真正的問題不是所謂的手足爭競對抗，雖然可能表面上會如此顯現，但真正的議題是「無聊」。行為的訓話不會有效，懇求你的孩子們和睦相處也不會奏效，孩子們只是需要另一個活動來分散注意力。這類的爭競對抗，經常發生在當媽媽付出太多精力在新生兒身上，而較大的小孩被遺忘並要自己在一旁玩時。在這種情形下，最好的策略便是做一些不同的事情。當你在餵嬰兒的時候，要求你的小孩緊緊依偎在你旁邊，這樣你就可以一起為他們讀一本書；或在另一個不同的房間來照顧嬰兒，那麼你的小孩會有新的環境可探索。

> 要察覺到孩子開始感到無聊或過度疲倦的早期特徵，因為隨之而來的必定是麻煩事。留意一些心神不定的特徵，如嗚咽哀訴、打呵欠或扭動不安，因為哭泣、尖叫或咆哮很快就會發生了。我的先生 Henry 和我有一個原則，就是我們的外出，無論是購物、派對或家族聚會，總要在我們的小孩還是快樂和冷靜時。

4. **嫉妒是問題所在嗎？** 有些小孩相較於其他的小孩比較有嫉妒的傾向。幾週前，一位有兩兒兩女的媽媽，流著淚來到我的辦公室，因為她的兩個女兒彼此爭競對抗個不停。我以為她過於誇大其辭了，直到我親眼看到後才相信。她較小的三歲女兒 Molly，無情地利用身體和口頭攻擊她的姊姊 Janet。身為一個小兒科專家，我所學到的是：跟嫉妒相關的爭競對抗常發生是因為孩子會害怕失去父母的愛。以這樣的背景去檢視她們的行為，我了解到雖然 Molly 跟她的姊姊爭競對抗，但是問題的根源不在她們之間的衝突，而是 Molly 害怕被取代才是真正的議題。

當你能和這類嫉妒相關的爭競對抗和平相處時，你就能減低它。嫉妒是一種正常的情緒，我們或多或少都曾感到嫉妒。然而，小孩子不知道如何將他們的情緒暫時擱置。最好的方法便是前瞻性的方法：藉由給予有嫉妒傾向的孩子額外的注意力和安全感，能協助她減輕焦慮和壓力。但同時要讓嫉妒的小孩知道，無故的攻擊手足是不被容許的。使用一般的評論，例如：「拉人頭髮是不行的」，而非「不要拉你姊姊（妹妹）的頭髮」。否則你可能會引起這樣的想法：「你關心姊姊（妹妹）比關心我還多。」

5. **問題是心理狀態的計分結果嗎？** 孩子們是否為對方存留了一份隨時記錄的帳單呢？例如：「你不讓我吃一片口香糖，為什麼我要讓你玩我的洋娃娃？」在這種情形，你可以協助孩子盡釋前嫌，並且藉著說：「讓我們來注意你們曾為彼此所做的好事重新開始吧。」讓事情繼續進行。

6. **發生了什麼事呢？** 當孩子們爭競對抗的時候，不要去干預，可以仔細觀察你的小孩（當然，除非他們正在傷害對方）。試著找出背後的原因，可能是上述所提的議題之一，或一些完全不同的事。花點時間去想一下真正的問題是什麼，你會比較能夠找到解決的辦法，以鼓勵和睦相處和加強手足之間的關係。

當你檢閱自己的行為時，確定要同時注意到好的方法以及沒那麼好的方法，這兩種方法都會讓你影響情勢。

採取「回應－能力」

　　要記住手足的關係是持續一生的，而父母對這項關係的形成會有影響，不管是變好或變壞。採取主動，來促進強烈和充滿愛的手足連結，這意味著你必須仔細檢閱你的互動方式。當你留意你的行動、想法和感覺時，你比較不會不經意地促成怨恨和嫌隙，而能夠永遠培養出愛和持久的連結關係。

徹底思考 THINK IT THROUGH

重新建構

拿一張自我清單並自我評量：「我是如何影響孩子之間的爭競對抗？」

反思

· 下列的問題將協助你評估你和手足爭競對抗的交互影響作用。忍住你想選擇最合時宜的答案的衝動，以你真實的想法來回答。回答每一個問題對或錯。

　1.當孩子打架時，我傾向責罵其中一個小孩。　　□是　□否

　2.我提到我最小的小孩總是說：「那個寶貝」。　　□是　□否

　3.我有最偏愛的小孩。　　□是　□否

　4.我縱容家中的嬰兒。　　□是　□否

　5.如果孩子們爭競對抗，在給予懲罰前，我會試著決定誰要為這件事負責。　　□是　□否

　6.如果孩子們爭競對抗，我決定懲罰誰是依據我覺得誰有錯。
　　□是　□否

　7.我期望家裡的老大要為比他小的弟弟妹妹負責。　　□是　□否

　8.我會將我的孩子們互相比較。　　□是　□否

9.我會介入手足之間的口角。　□是　□否

10.我的小孩會抱怨我比較愛另外一個孩子。　□是　□否

· 把每個「是」的答案數目加總起來：

0-3：你做得很好。

4-7：你應更密切的注意手足對立、彼此對抗的情況。

8-10：你應在處理手足互動的策略上做個 180 度的大轉變。

解決

· 藉由完成下列的問卷，組織一下你的想法，如何能最有效地促進孩子之間愛的連結。寫下你的答案，以便日後可以告訴他們。

1.我需要更加

_____

2.我需要停止（對誰）表現出偏袒

_____

3.我對（什麼）期望太多

_____

4.當孩子們爭競對抗時，我應該

_____

5.協助我的小孩彼此友愛，最好的方法是

_____

6.當孩子們互相打小報告時，我應該

_____

7.我的配偶和我應該（對……）意見一致

_____

8.我最大的錯誤是

_____

9.我需要停止責罵

_____

．採取主動的步驟，來協助孩子們建立友愛的關係。寫下一個任務
宣言，來描述你在手足連結上的目標。

_____

_____

_____

．試著想出不一樣的方法來處理每種情形：

　1.你的小孩因為看電視而爭吵。

_____

　2.較大的小孩不願跟較小的手足分享東西。

_____

　3.家中年齡最小的孩子在哭，因為她的哥哥姊姊逗弄她。

_____

咬人
(*Biting*)
不要在傷害之外又加上侮辱

兩個月前，Katie 請教我要如何處理她十五個月大的兒子咬人的傾向。Katie 經營一家日間托兒所，而小 Sara 被咬了，小 Sara 是她很喜歡的一位家長的小孩。她的兒子 Brandon 平日是一個溫和的小孩，但與 Sara 在一起時，就變成完全無法預測。首先我必須協助 Katie 了解的事，就是最好能把精力用在直接針對結束咬人的行為，而不是用來懲罰 Brandon。

大多數咬人的問題會發生，是因為

· 年幼的小孩還沒有他所需的溝通能力去處理他的情緒。

· 年幼的孩子缺乏衝動控制力。

· 年紀較小的小孩希望尋求注意。

· 年幼的小孩用咬人來當作試驗其他人的一個方法。

· 咬人就像是用他們的嘴巴去探索環境。

　　一旦 Katie 了解到她著重的地方是無用的，她就停止訓斥 Brandon 咬人，也不再送他進房間做暫停的處罰，取而代之的是她用整整一星期的時間四處跟著他。每一次他看來準備要咬人的時候，他的媽媽便介入然後說：「不要咬人，咬人會痛。」當 Brandon 能控制他自己時，就讚美他。自從 Katie 採取一種比較前瞻性的方法後，Brandon 就不再咬其他的玩伴了。

　　如果你的小孩咬人、打人、抓人、搶人東西或拉其他小孩頭髮，我建議

你應該以就事論事的態度表示你的不同意。和你的小孩建立起一個身體上的聯繫，並告訴他：「這是不行的。」不要使用冗長的解釋、變得嘮嘮叨叨或採取暴力對付等策略。保持簡單，你的小孩將會得到大聲且清楚的訊息。

> 我知道許多專家建議你和孩子談談被咬的感覺是什麼，但我極不認同。如果孩子的攻擊行為會導致親密的討論、長期的注意（負向或正向的），或熱烈的爭論，那麼因為這些附加的收穫，錯誤的行為將會變得更吸引人。

我深信咬人行為是可以預防。因此，如果你可以辨別何時你的小孩很可能會變得有攻擊性的情形，就可以藉著避免情況的發生或藉由重新引導來幫助他。直到他學習到更多可接受的處理挫折的方法之前，嚴密的督導可能是必須的。但是這樣的情況並不會維持太久，因為當你的小孩發展出他的語言技巧時，這個問題會自然消逝。

> 咬人不是沒有教養的象徵。

假如你的小孩咬你，我建議你，就像你的小孩咬他的玩伴那樣回應他。堅定地說：「不能咬人，咬人會痛。」如果當他咬你的時候，你正抱著他，在幾呎遠的地方把他放下，來增強你的不許可。克制住咬回去的衝動，因為這或許可以解決你現在的困境，但是藉著教孩子依賴他們身體的對策，而非心智的對策去解決問題，將使未來的情況惡化。

 千萬不要……

· 咬你的小孩來教導他被咬是什麼感覺。
· 利用暫停來懲罰咬人的行為。
· 把辣椒醬或任何其他有害的物質塗在小孩的舌頭當作懲罰。

治療被人咬傷

許多小孩因為侮辱所受的傷害多過於任何身體上的疼痛。安慰受傷的一方,然後檢查傷口:用香皂和水徹底的清潔傷口,並用消毒紗布覆蓋受傷的區域。蒐集咬人者的資訊,例如他是否有任何傳染性的疾病。如果皮膚破皮的話,去找醫護人員的協助,他可能需要免疫藥物和治療。雖然鼓勵小孩咬回去的作法可能很吸引人,但不要這麼做。

不用說,如果你的小孩咬其他小孩時,你應該跟被咬的孩子和他的父母道歉,並且向他們保證你正在努力解決這個問題。

採取「回應—能力」

當我們採取步驟介入和回應問題時,都會引起漣漪效應。暫停一下,即使只有極短的時間,思考一下在這種情況下,你是否正在造成一個正向、負向,或是中性的影響。使用三個 R 的策略來澄清你所扮演的角色,並且選擇更有建設性的方法來處理咬人以及其他攻擊性的問題。

徹底思考 THINK IT THROUGH

重新建構

問你自己:「我對於咬人的反應方式,有助於孩子克服這個習慣嗎?」

反思

・思考你如何反應咬人這件事,並且描述它的雪球效應。

_____

_____

・如果你可以聽到孩子的內在想法，她會跟你說什麼？

_____

_____

解決

安排一個可以協助你在某種程度上處理咬人問題的解決計畫。

_____

_____

_____

便祕
(*Constipation*)
不要給你的小孩惡劣的苛責

三十三歲、有四個孩子的媽媽 Brooke 這樣說:「我的三歲女兒 Jill 一天至少抱怨一次她肚子痛,更糟的是她拒絕排便。我們已經不再給她喝牛奶了,並且要求她喝水和吃蔬菜,但她仍然便祕。上週,她因為胃痛而錯過她的足球預賽。」

在引起父母苦惱的問題列表中,名列第一的就是便祕。如果你正面臨要處理這個問題,那麼你會知道我在說什麼;如果你還沒有遇到的話,那麼你可以了解到你有多幸運!

便祕是一個年幼小孩大約在如廁訓練的時候會發生的問題。小孩可能因為照顧者造成的內在衝突或外在的壓力,變得對排便有矛盾情緒。因此,小孩子會一直忍住不上廁所,如果忍得太久的話,糞便將會變得更大更硬,以至於最終要排泄的時候,會造成疼痛。一旦傷害已經出現,一個「憋住」的循環便建立起來 —— 拒絕排便導致更多的糞便、更多的疼痛和對排便有著更大的抗拒等等。

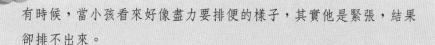

> 有時候,當小孩看來好像盡力要排便的樣子,其實他是緊張,結果卻排不出來。

有少數的健康問題會看起來像是便祕。然而一個正常發育也能夠排出大塊糞便的小孩,通常故意忍住不上是造成他便祕的最可能原因。

去看醫生，如果……

・孩子不到一歲而有便祕的情形。

・孩子排的便稀稀的，像是帶狀物。

・出現嘔吐的現象。

・孩子一直沒有正常的增加體重。

・孩子腹部做過外科手術。

・孩子有大便失禁（意外的）。

・孩子曾經有直腸疼痛。

・孩子的大便裡有血。

・孩子超過五天沒排便。

　　如果你很好奇本書的這一章在做什麼，讓我在深入探討之前先跟你說明。我將這章涵蓋在內是因為：你處理便祕的方法，將會對於問題本身有深遠的影響。潛在的問題是因情緒因素所造成的，而不是生理的因素。當小孩忍著不排便，如果問題是在心理，而非腸子問題的話：其實並沒有真正的阻塞。如果沒有其他影響因素的話，軟便劑、飲食和好的如廁習慣以及運動是很重要的，但是心理的因素也同等重要。

　　飲食　飲食在便祕的問題上扮演一個重要的角色，但是光靠它並不會治好便祕。要節制的食物包括：牛奶、起司、香蕉、米飯和蘋果，其中牛奶是主要的肇始物。如果你的小孩所喝的牛奶已過度超過他所需要的量，那就試著減少牛奶的食用。如同一般的經驗法則，一個幼兒（兩歲和更大的小孩）一天應該不要喝超過 12 盎司（約 350 c.c.）的牛奶。同時，在食物中增加水和纖維質的攝取。

　　軟便劑　既然改變小孩的飲食習慣幾乎是不可能的，那我建議超過一歲的小孩使用軟便劑。藥房和健康食品專賣店有許多天然的軟便劑，和你的家庭醫師討論哪一種較適合。我個人建議對一歲或大一點的孩子使用通便用的

礦物油，這不是瀉藥，即使定期使用，也不會造成小孩肚子的依賴。礦物油很容易滑進小孩的糞便內，將其軟化；而且不會被小孩的身體吸收，可以長期使用。礦物油可以在兩餐之間使用，理想狀況是在睡覺前使用；用餐時間使用的話，會妨礙孩子食物中脂溶性維生素的吸收。你可以使用礦物油，直到問題解決為止，無論花多少天、多少週或多少月。

如廁習慣 在用完餐後，想要排便是很自然的。我會鼓勵你的小孩吃完飯後，坐在廁所裡面幾分鐘，以利用這種本能的反應。如果她不願意，或者才剛學會不穿尿布，那就允許她不必去蹲廁所。

> 避免跟小孩爭執她坐在馬桶上多久了。如果在剛開始的幾分鐘，她還沒有排便的話，坐再久的時間也不可能產生不同的結果。

情緒部分 便祕會跟疼痛的記憶有關，這個負面的連結需要先被消除，小孩才能夠放鬆，以得到不再疼痛的排便經驗。當你變得對孩子是否有排便這件事備感壓力和困擾，你的小孩對於排便也會更有壓力。這是一體的兩面，你愈放鬆你自己，你的小孩也會愈放鬆，最後這件事對你們來說也會變得比較容易些。

我想要坦白地告訴你，有些負面的現象可能會因為便祕而產生。首先，一個過度正向或負向的注意力可能會加重問題。這意味著我不會因為你的小孩排便就讚美他，或者如果他沒有排便就責罵他；我不會長時間坐在廁所陪他，或期望他自己坐在那兒超過五或十分鐘。我不會給他巨大的壓力要他排便，或用身體壓制他坐在馬桶上，直到他排便為止。而對著小孩喚他寶貝、生氣或使用懲罰、賄賂或威脅，都只會增加小孩已經感受到的壓力。

你的孩子需要的是「排便是不會受傷的」這種安心感，而這個安心的程度只能來自於直接的經驗。有幾種方法你可以協助他：（1）使用軟便劑；（2）讓他多喝水；（3）確定他在生理上是健康活躍的；（4）採取好的如廁習慣；以及（5）不要在排便上給他任何壓力。你愈冷靜和愈安心，你的小孩

就愈容易放鬆。讓我們花點時間來思考你的小孩將會從你冷靜的態度上學到什麼：他將會學到他沒有什麼事可害怕；你會在那裡幫助他；要何時和在哪裡排便是他自己的決定；以及你對他有信心。

讓我們舉 Jennifer 和 Roger 處理他們的兒子 Blake 的問題為例。自從四歲的 Blake 一年前做如廁訓練開始，他就不願意排便，有時候甚至整個禮拜都沒排便。他的父母嘗試賄賂他：「如果你大便的話，我們會買給你一個皮卡丘玩具。」他們也試著懲罰他：「不准從廁所出來，除非你上完廁所。」但是都沒有幫助。到了他父母來找我時，他們已經到了理智的極限了。

首先我必須幫助這對夫妻了解，他們的努力實際上是會惡化事情的。所有的注意和強調 Blake 的如廁習慣，會加重他的焦慮，甚至更糟的是，他們陷入了與孩子之間毫無勝算的權力鬥爭裡面。在思考整個問題，以及集中在他們促成這個問題的方式後，Blake 的父母承認他們不能控制「孩子」的行為，但他們應該可以控制住「他們自己」的行為。他們換一個新的態度，一個確定他們大家是站在同一邊的態度，而讓他們鬆了一口氣的是問題逐漸消失了。

採取「回應－能力」

一旦你將你的壓力程度和小孩的抵抗做出連結，你便能控制你自己的情緒，並使她安心且不會給她壓力。

徹底思考 THINK IT THROUGH

重新建構

由問你自己開始：「我是減輕或加重孩子的便祕問題？」

反思

使用頭字語 S-T-O-P 的方法，來協助你集中注意力在你的行為上。

1.*看見*：在你腦中重演一次讓你憂煩的情形。

_____

_____

2.*思考*：你的想法如何影響你的反應方式？

_____

_____

3.*觀察*：退一步觀察，注意你自己的肢體語言、聲音語調和臉部表情。

_____

_____

4.*組合*：你的心理和情緒因素如何影響你的直覺反應？

_____

_____

解決

‧現在你比較了解情形了，讓我們建立一些特定的目標來協助降低壓力，請列出四項目標。

1._____

2._____

3._____

4._____

‧確切地安排你如何去達到每個目標的步驟，並將計畫中的每個步驟具體列出來。

🔖特別注意：我知道當小孩拒絕排便時，是多麼令人感到挫折，尤其是如果自上次排便後，他已經持續很多天沒排便，而且他已經開始抱怨肚子痛了，這時便該跟你的家庭醫師討論孩子的情況。

哭泣
(*Crying*)
「我做錯了什麼？」

你累了，真的累了。兩個月大的 Teddy 已經不間斷持續哭了四個多小時了。你心想洗個澡是否會讓他的神經（和你的神經）冷靜下來。但是在你放完洗澡水之後，走到嬰兒床邊要去抱他時，卻發現他已經睡著了。你像隻老鼠般躡手躡腳安靜的走開，把浴缸的洗澡水放掉，把水壺放到爐子上燒開水——就在你剛要坐下來時，Teddy 又開始在啜泣和蠕動了。噢！我的天啊！他不會已經醒來了吧！每天（每夜）我都會接到挫折、焦慮和筋疲力竭的父母打來的電話。父母常常會問到：「醫師，Teddy 哭個不停，我做錯了什麼嗎？」

如果一個嬰兒每天哭三鐘頭，一個星期有三天如此，超過三個星期以上，醫生就會根據定義把他貼上「肚腹絞痛」的標籤。親愛的讀者，如果你是這種嬰兒的父母，那麼，我向你保證，不管現在情況有多麻煩，它們終究會變好。這裡並沒有治療肚腹絞痛的方法，但是有些步驟你可以用來減少哭泣。對初學者而言，最好的防禦就是使用充實且最新的資訊。

如果你已經搜尋過網路、和你的小兒科醫生談過、讀過親職的書籍且問過朋友，那麼你應該已經知道：關於肚腹絞痛仍有許多困惑。肚腹絞痛本身是個型態並不是一個疾病，可能找不到一個造成哭泣的真正原因，但卻找得到許多的相關理論。知道當今理論可以幫助你了解為什麼專家們會提供你一個看似矛盾的建議，為什麼一個策略可能對你朋友的嬰兒很有效果，但是對你的嬰兒不但沒有效果，甚至可能讓她哭得更厲害。

在光譜的一端，有些專家相信腹部絞痛是因為不成熟的神經系統所造成。根據這個理論，一個嬰兒可能接受到正常刺激的觸動，但是卻無法緩和下來（例如：這個嬰兒已經疲倦了）。可惜的是，並沒有任何研究支持這個理論，然而，符合這個理論的事實是：很多肚腹絞痛的嬰兒對於刺激的觸動是每況愈下的。

接下來是最廣為流傳的理論，這個理論指出：造成肚腹絞痛的原因是哭泣本身的發作。支持這個理論的事實現象是：一個肚腹絞痛的嬰兒可能會拉起他的腿、臉色會變成潮紅，並且排氣。因此，有些醫師會建議病患更換奶粉品牌，或者使用市售的排氣藥物。

另外一個高度可信的理論是：哭泣是嬰兒用來溝通他的需要的一種方式（我十分認同），且當他的需要沒有被滿足時，哭泣就會增強。換句話說，嬰兒的「語言」被錯誤解讀了，因此，他得到不是他想要的東西，例如：當他無聊時，他卻被餵奶；或當他疲憊時，卻被逗弄；或當他尿布濕了時，卻被搖動安撫……等等之類的狀況。這時候最有助益的事就是去了解嬰兒的需求，並且學習去區辨不同的哭泣。

最後，有個理論說：一個肚腹絞痛的嬰兒是因他天生的氣質所造成的，或者就直言不諱的說他就是難以相處（我無法同意如此的說法）。根據一份最近的研究，少數肚腹絞痛的嬰兒長大後會有難以相處的人格特質，但是大部分的嬰兒卻不會如此。

去看你的醫師，假如……

· 你的寶寶哭了一整天，而且沒有停下來喝奶。

· 哭泣代表了孩子性情的改變。

· 你的新生兒寶寶似乎並沒有得到適當的餵食。寶寶在出生的第一週，他可能因為飢餓而哭泣，因此，在這個時候體重和脫水狀況應該要嚴密的監測。

· 哭泣伴隨著發燒，而且孩子的年紀是六個月以下。

· 感覺有些不對勁時，順從你的直覺。

☀ 醫師的觀點

當一個嬰兒因為過度的哭泣而被帶來找我時，我會問我自己以下的問題：（1）這個寶寶吃得好不好？成長得好不好？（2）他的發展是否如預期？（3）有沒有做過一般的生理檢查？（4）從父母的報告中，是否有任何讓我懷疑這個孩子可能的任何健康問題的狀況？就在昨天，有一個二十八歲的新手媽媽 Meg，帶著她三週大的兒子 Craig 到我的辦公室來。在過去的三天，小 Craig 幾乎沒有辦法安靜下來，這並不像他平日的表現。當我解開他的衣服時，你知道我發現什麼嗎？有一根頭髮緊緊的繞在他的大拇指上。上個月我發現在一個寶寶眼睛的敏感部分有一條抓痕；而最近我診斷了一個嬰兒他看起來好像有肚腹絞痛的症狀，但是實際造成的原因則是膀胱感染。總而言之，上面所提到的這些嬰兒，沒有一個是真正肚腹絞痛，因為他們並無符合診斷肚腹絞痛的「三個原則」（每天哭泣三個小時、一個禮拜有三天、至少持續三個禮拜或以上）。

老實告訴你，我發現大多數的時間，這些新生兒生理上並沒有什麼問題，而且除了哭泣之外，他們體重和發展都很正常。就如同你所看見的，並沒有一個絕對造成肚腹絞痛的原因，也沒有什麼方法絕對可以治療所有的肚腹絞痛，不過好消息是：這些策略中的其中一項，將可以幫助你減輕寶寶的挫折程度。

鼓勵自我撫慰技巧 寶寶們天生就有一些策略可以使他們自己冷靜下來，但是他們需要機會去發展這些技巧，並且發現哪一個技巧是「對的」。當寶寶哭泣時，如果父母馬上跑過去把他抱起來，他就不會學習到如何自我安撫。我並不是建議你就放著讓寶寶哭到聲嘶力竭，而是，你必須學習區分什麼時候你的寶寶需要你，而什麼時候他需要撫慰他自己的機會。下一次當你的寶寶哭泣時，在你衝過去把他一把抱起之前，先停一下，並且仔細聆聽。不同的哭泣聲代表著不同的意義：當你的寶寶疲憊的時候，他用一種方法哭泣；而當他飢餓時，則是用另外一種方法哭泣；在他無聊時，他會有一種表現方

法；而當他接受太多刺激時，他又會有另一種表現方法。藉由觀察寶寶的身體語言及傾聽他的哭泣聲，你就能夠學會去區辨之間的不同。通常這樣的過程發生在一個純粹直覺的層次，但是你可以藉由專心注意而進入這個過程。

抱著寶寶　一個使肚腹絞痛的寶寶冷靜下來最成功的方法，就是把他抱在懷裡。你的寶寶可以感覺到你的溫暖、你的心跳、聞到母奶的味道，而且你身體的搖動可以哄嬰兒入睡。研究指出，被抱著的嬰兒比那些沒有被抱著的嬰兒很明顯的較少哭泣。遺憾的是，現今很多寶寶坐在汽車座椅的時間，比在他們父母懷抱中的時間還要多。

減少刺激　也許你還記得我們曾經討論過的一個理論指出，肚腹絞痛的原因是嬰兒受到過度的刺激。然而許多父母回應哭泣的方法是——用更大的方式來處理他，例如：更激動的逗弄嬰孩、玩得更激烈、唱歌也唱得更大聲。有時候我光站在旁邊看就感到不舒服，而如果我都感到不舒服了，我懷疑這些嬰兒會如何感受。如果你無法使你的寶寶安靜下來，問問你自己：「在這個情況下，他看到什麼？感覺到什麼？或者接收到什麼？我希望像個鹽罐般被搖晃嗎？」

> 一位有肚腹絞痛兒的媽媽提供的一個小方法：「可以試著用一條溫暖的毛毯把你的寶寶包起來，我稱這方法為『草皮包裹法』，因為這是我唯一能使我兩個月大的寶寶安靜下來的方法。」

餵奶議題　如果要好好討論肚腹絞痛這個問題，一定得同時提及餵食對一個嬰兒的行為所造成的影響。餵母奶通常不會是造成哭泣的原因，除非你的寶寶沒有成長得很好，而在這樣的情況之下，你的寶寶會是因為飢餓而哭泣，而不是因為肚腹絞痛。

> 小兒科醫師應該要檢查在出生的第一週焦躁不安的嬰兒，以確定這個嬰兒的成長正常合適。

記得，有個肚腹疼痛的理論是反映出與肚子痛有關。一個喝配方奶的嬰兒，在試著換不同的配方奶時，常會出現哭泣，尤其是當這個孩子常常有脹氣或嘔吐時。在做任何改變之前，先和你的小兒科醫師討論，他極有可能會建議你使用不含乳糖的配方奶，或是使用以豆奶為主的配方奶。小心：任何的改變都會有一段蜜月期，在蜜月期時，每件事似乎都有好轉。一般來說，通常需要超過一星期以上的時間，我們才能看出這樣的助益是否有持續。

> 乳糖不適通常是一個短暫的問題，在剛出生的前幾個月裡，會自然而然的解決。

> 在一個嬰兒過度的焦躁不安，而且因無法安靜下來造成餵食困難的情況下，我會建議一種（非常昂貴的）減過敏性配方奶。

過度餵食也會造成焦躁不安。大部分的嬰孩每三到四個小時需要喝一次奶，但是當被餵較多次時，他們也會吃得比較多。過度餵食的問題是肚子沒有得到休息的機會，因而造成吐奶、肚子脹氣，並且出現怪異的性情。這些不安可能又再被錯誤的解釋為肚子餓，所以這個寶寶又再被餵一次奶，而這個循環就未被檢驗的持續下去。

給媽媽們的小筆記

不論你怎麼做，拜託、拜託、拜託，不要責怪你自己。肚腹疼痛並不是失職或差勁的親職所造成的。新生兒到了三、四個月大的時候，就會變得比

哭泣 C —063

剛出生時顯得較為放鬆。如果你的另一半在照顧嬰兒上並沒有像你所想要的（或需要的）參與的話，要求他來參與，不要單單的只是想：「我不該去要求他。」當照顧一個有高度需求的嬰兒的責任未分擔的時候，婚姻會受到損害。照顧一個高需求的寶寶是非常有壓力的，而你變得生氣或挫折都是正常的，在這種時候，讓你自己被正向的影響所環繞，尤其是和那些曾經帶過這樣的寶寶並且知道你現在處境的媽媽們在一起。

採取「回應—能力」

你不是造成寶寶壞脾氣的原因，然而有很多的方法可以減少寶寶的壞脾氣。花一點時間想想，你和寶寶之間的回饋循環，藉著給予他正向的氣氛來做回應，而使情勢站在你這一邊。就算這麼做並沒有辦法幫助你的寶寶放鬆，但是長期而言，是可以減少你的疲憊不堪。

徹底思考 THINK IT THROUGH

重新建構

問問你自己：「我如何影響我寶寶的哭泣呢？」例如：「我是用可以安慰寶寶的方法來搖著他嗎？」試著進入寶寶的世界來感受他所經驗到的情況。

反思

雖然並不是你造成寶寶肚腹疼痛的情況，但是你可能同時受到正向和負向的影響。下面的問題將會幫助你判斷你對肚腹疼痛的影響，以及肚腹疼痛是如何影響你。

1. 你對你的親職技巧感到不確定嗎？

_____

2. 你想你的寶寶為什麼不停止哭泣？

_____

3. 你從你的另一半身上得到你所需要的支持和幫助嗎？

_____

4. 你接受別人提供的幫助嗎？如果不接受，原因何在呢？

_____

5. 你如何照顧你自己的生理和情緒？

_____

6. 你和你另一半的關係是否因為寶寶肚腹疼痛而受到影響呢？

_____

7. 你是否嘗試著使用不同的安撫方法？

_____

8. 何者看來是最有效的？

_____

9. 你從自己身上學到什麼？

_____

解決

・寫下你需要什麼（至少最低限度）好讓你維持神智清楚，並且和你的另一半一起分享。如果你是一個單親家長，現在是你接受幫助的時候。

_____

_____

・藉由改變你回應寶寶哭泣的方式來增加彈性。例如：如果你傾向當寶寶一哭泣時，就跑去把他抱起來，那就放慢你反應的時間。

· 利用下面各個標題做一個表格：飢餓、疲倦、無聊、不舒服和孤單。寫下你在不同情況下，對寶寶不同哭聲、臉部表情和身體語言的觀察。一旦你開始了解你的寶寶時，滿足他的需求將會變得更容易。

警告：有些寶寶是較難以理解的，不過不用擔心，當你的寶寶三到四個月大時，他的語言將會較容易被理解。最重要的是，你要理解到肚腹疼痛並不是反射出失職的親職。不論你是否能夠安撫你的寶寶，信任你自己，因為他需要你。

管教困境
(*Discipline Dilemmas*)
如何取得控制而不失去控制

管教意指去教或去引導,而鞭打、暫停或處罰都不算是管教,這些方法反而會讓孩子做壞事被抓到時產生這樣的思考:「我最好不要去拉貓的尾巴,不然我就會挨揍。」「我最好不要從那個寶寶的手上搶玩具,不然我就會被暫時隔離。」這些做法並沒有教導或指導孩子去了解:為什麼拉扯貓咪的尾巴或是搶奪他妹妹的玩具是錯誤的。這樣的做法只會教孩子如何去避免麻煩。

大部分的父母,甚至是那些最寬鬆的父母,都曾經有過想要伸手打孩子屁股的衝動。根據美國小兒科學會(American Academy of Pediatrics)指出:打屁股這樣的處罰在25%的中產階級雙親家庭中,每個禮拜至少發生一次;大約85%的父母承認打完孩子後會感到愧疚。很多知名的專家在很多議題上面都持有不同的意見,但是大部分卻同意這一點:打屁股是一個無法被接受的管教方式。

我們大多數在處理親職困難時,所採取的往往是使用短暫的解決方法,而不是採取一個哲學立場的處理策略。可以確定的是,身為父母最大的挑戰之一就是處理行為問題。然而,儘管這並不容易,我是百分之百站在打手心、打屁股或打耳光都是錯誤的立場;對父母來說這是錯的,對孩子們來說這也是錯的。雖然我會提供一些不同的親職教育方法,但是除非你願意使用心理上的策略而非使用身體上的策略時,才會找到真正的解決之道。

堅定、慈愛 「當我十八個月大的孩子 Jeremy 爬到茶几上的時候,」

一個到我診所的媽媽解釋說：「我把他抱起來，放到地板上，然後我用不是在開玩笑的聲音說：『不要爬到桌子上，那不安全。』」

> 一種堅定的聲音會比大吼大叫的聲音好。吼叫會讓孩子這樣想：「哇，我讓我媽媽火冒三丈了，讓我試試看能不能再次使她發火。」這個孩子學會使用他的不當行為來控制妳的反應。

使用語言 倚靠你的心理長項，而非你的生理長項。只要你集中精神處理所有的問題，就不需要藉由身體的壓制而得到解決。

暫停 現今腳步快速的生活風格很容易就會讓我們產生情緒上的反應，並且失去直接思考的能力。當情緒高漲時，我會提醒父母先把問題暫停住，直到他們冷靜下來，能夠做清楚的思考時再處理。對你的孩子說：「現在我們兩個都太生氣了，因此無法處理這個問題。」

給予選擇 不論你是五歲或五十五歲，沒有人喜歡被呼來喚去。孩子對選擇的反應會比被命令來得好。

運用正增強的力量 我知道孩子的行為可能非常難處理，而且你已經筋疲力盡、疲憊不堪了，但是不論你感覺到壓力有多大，你都需要去稱讚你的孩子。當他表現好的時候，一個擁抱或讚美將會是他以後試著去做得更好或更努力的動機。

知道如何避免當眾吵鬧 當孩子問：「我可以在外面過夜嗎？」或是「你可以買一個新籃球給我嗎？」用一個可以避免失望和抱怨的方法回答：「是的，你可以在外面過夜，但不是這個週末。」「好的，你可以有一個新的籃球，我會在你生日時買給你。」

謹慎地處罰 管教和處罰常被當成同義詞，但兩者其實並不同。「管教」是指引導和指引一個孩子，而「處罰」是用傷害一個孩子來給他一個教訓。大量的使用處罰時，孩子們會變得生氣和憤怒，最終會使他們的不當行為增加。年幼的孩子很少需要用處罰來改正他們的行為，如果你處罰了孩子，問

你自己：「我少做了什麼以至於無法預防這個問題？」

如同一個教練般的思考 把焦點放在教導你的孩子如何去表現良好，來取代聚焦在他的不良行為。例如：如果你的孩子說謊，藉由這樣說來教他誠實：「以後我寧願你告訴我實話。」來取代處罰他的說謊（這樣做並不會激發他的誠實）。如此一來，每個問題都變成是引導孩子的一個機會。同時，這樣的做法也強迫我們去思考我們想要的行為是什麼，並且可以確定我們將這樣的訊息傳達給孩子。

了解幼兒的語言 學步兒和較大的孩子是藉由他們的行為來溝通。我們的工作就是試著去確切了解：當年幼的孩子表現出不當行為時，他是在表達什麼。我們學習如何去解釋嬰兒的哭泣聲，以至於能滿足他們的需求，而現在我們需要去學習一個全新的語言。要離開游泳池的時候，小 Siobhan 發了一頓脾氣，在場每一個人都等著看會發生什麼事，Siobhan 的媽媽做了一件很聰明的事：她把 Siobhan 抱到更衣間，因為在更衣間裡她可以在沒有觀眾的情況下處理這個狀況，這給了她一點時間去思考 Siobhan 的反應。她在生什麼氣？媽媽試著從女兒的角度看事情，Siobhan 已經在水裡玩好幾個鐘頭了，她已錯過她的午覺時間，而且現在幾乎快到晚餐時間了。她的媽媽體認到 Siobhan 並沒有精力去應付要離開的挫折，因為她又餓又累，而這頓脾氣就是 Siobhan 溝通的方法：「我要回家了。」

尊重你的孩子 我在工作時認識了一位可愛的母親 Lisa，她對她自己打了她六歲女兒這件事覺得十分心煩意亂與羞愧，原因是她的女兒拒絕穿她抽屜裡的每件衣服。她女兒討厭所有她認為「女孩樣的衣服」，雖然她有最新款的GAP衣服，她還是拒絕穿所有有粉紅色、彩色或有亮片的衣服。每天早上都會上演媽媽和女兒同時都在掉眼淚的場景。經由反思，Lisa 體認到禁止她的女兒根據自己的風格去穿著是不尊重她的個人特質，雖然 Lisa 不了解她女兒對衣服的喜好，但是可以試著接受它們。結束這樣的爭執，只需要跳過心理的差距。我向你保證：如果你用尊重你孩子是個獨立的個體、有她自己的感覺、喜好和優先順序來處理問題時，她的行為和態度將會改善，同時你

們的親子關係也會改善，你們雙方都是贏家。

注重實際　大部分父母會犯的一個錯誤是去期望立即的成效。我常常聽到一個評論：「我什麼方法都試過了，但是沒有一個是有效的。」在現今飛快步調的生活型態裡，我們習慣了立即的使用和快速的連接。然而對於孩子和不適當的行為，還是要持續堅持到底才會有效果。

小心你所說的話　用這樣的說法：「謝謝你整理你的床鋪，當你完成時告訴我一聲。」來取代：「要我說多少次，你才會整理你的床鋪呢？」這樣的說法是在向孩子挑戰，而前者則傳達了你期望順從而非抵抗的訊息。

處罰的體認

· 不要在你生氣時施予處罰。

· 一個較嚴厲的處罰未必是比較好的。

· 不要在處罰孩子時，還用羞愧或罪惡感來增加他的羞辱和傷害，不需要非得讓孩子感覺很糟才能讓他學到教訓。

· 處罰不能被當作報復來使用，這不是用來回報孩子惹你生氣的方法。

· 尊重孩子的感受：「我知道你對於不能和朋友出去玩感到很失望，如果我唸故事給你聽，會不會讓你覺得好過一些？」

一致性　能使你處理問題的方法得以成功的方式就是一致性。之前我曾經提及到改變需要時間，然而，它也需要一致性。如果你回應孩子的不當行為，有時是有耐性的，而有時是處罰的，那你就無法期待他的行為會有所改變。「熟能生巧」可以應用在學習新的行為，就像是應用在學習一項新的樂器一般。在我的經驗中，當一個特定的不當行為沒有立即獲得改善時，父母會變得很挫敗，然後就會回復到使用那個舊的、無效的方法來處理問題。無論如何，這最有效的一課就是要有一致性。

處罰　很不幸地，終是會有需要你施予處罰的時候。就如我先前提及的，處罰只能偶爾使用，並且絕對不要在你生氣時使用；實際上，當你情緒高漲

時是很難能夠講道理的。如果你做得太過分，給予孩子過度的懲罰，請承認你的錯誤，並且要求他幫助你選擇一個更適合的方法。這樣的做法比較不會產生憤怒，而且較能夠鼓勵孩子去改正他的行為。

暫停　暫停（暫時隔離）是一個被過度使用的處罰形式，雖然執行暫停可以使父母感覺到他有處理孩子的不適當行為，然而問題是：這樣做有效嗎？暫停常被用在四歲以前的孩子身上，而忽略了事實上，一個孩子在這樣的年紀是沒有辦法將他的感受用口語表達出來的，或者是無法區分對和錯的。一個年幼的孩子可能將暫時隔離解釋成是父母不愛他的證據；更糟糕的是，他可能沒有辦法將不適當行為和後果連結起來。而一個較大的孩子可能可以理解暫時隔離是暫時失去家人的陪伴，然而暫時隔離可能會讓孩子進入一個生氣、報復和反抗的循環之中。當再次把你的孩子送進他的房間暫時隔離之前，問問你自己：這個策略是否有效，以及這個策略是否傳達了你想要傳達的訊息。

不要威脅　當你使用不可能實現的威脅時，孩子們很快就學會忽視你。

在事情變好之前，期望它們會變得更糟　如果你使用一個新的態度去回應不適當的行為，在改善之前，孩子的不適當行為可能會變本加厲。有位媽媽在我的診所裡抱怨她三歲兒子的脾氣，當她試著忽略它們時，情況反而變得更糟。我鼓勵她不要氣餒，因為我非常確定孩子終將冷靜下來。雖然對媽媽而言要度過這段時期是很困難的，但是孩子發脾氣的狀況會慢慢變少，而且愈來愈不嚴重。很多父母把孩子變得更糟的行為錯誤的解釋成是新方法無效的證據，於是就永遠放棄使用這些方法。但是如果你堅持下去，你會發現到改變。就像你節食一樣，每週 0.5 公斤看似不多，但是如果你持之以恆，體重的減輕就會持續，最終你就會看到有所不同。

管教的轉變

行為

當你在和醫師講話時，孩子打斷你。「我說坐下。」「你聽到我說

的話嗎？」「我叫你去做什麼？」「照我說的話去做！」

問題

權力爭鬥會讓孩子覺得你是他的對手。

解決之道

放下權力爭鬥，朝著雙贏方向去思考，問問你自己：「我如何用不要爭吵的方法來解決這個問題？」

* * *

行為

孩子們表現不適當的行為。「把你的玩具放回去。」「把你碗裡的食物吃乾淨。」「不要笑別人！」「坐下！」

問題

你對每件事都不斷的嘮叨和抱怨。

解決之道

聰明地選擇你的戰場，你不需要同時處理每一件讓你惱怒的事情。

* * *

行為

孩子們正在車裡爭吵，「如果你們不好好坐下來，我就調頭把車開回家去。」

問題

當你做出空泛的威脅時，孩子們會學會忽視你的話。

解決之道

給予特定的指示並且略過警告,「我要你們每個人都告訴我今天所發生的最好的事情。麥克,你先說。」

* * *

行為

孩子們不聽你的話。「如果你不守規矩,那就回你的房間去。」「吃你的晚餐,不然我就叫你罰站。」「如果你不和姊姊好好相處,那就回你的房間去。」

問題

你過度使用暫停了。父母經常向我抱怨:「暫停一結束的那一刻,我兒子就出現不適當的行為。」

解決之道

給你自己一個暫停來取代給你的孩子一個暫停,有效的管教是從如何控制你對孩子不適當反應開始的。

* * *

行為

你的孩子是很固執的。「你是個被寵壞的傢伙。」「你快要把我搞瘋了。」「我受夠你了。」

問題

你正在用語言傷害你的孩子,話語和情緒虐待會傷害一個孩子的心理。

解決之道

如果你感覺到自己快要受不了,從當下的情況離開直到你冷靜下來。

＊ ＊ ＊

行為

你六歲大的孩子為了回家功課而撒謊。「你說謊，我怎麼能信任你？」

問題

你的孩子用說謊來避免麻煩。

解決之道

藉由這樣的說法來教導孩子誠實：「以後，我情願你告訴我實話。」

徹底思考 THINK IT THROUGH

重新建構

像拾荒者一般的為下列問題找出答案：「我管教孩子的方法有得到報償嗎？」

反思

・下面這些問題將可以幫助你體認到你管教的方式是否有效。

　1.我的孩子沒有真正聆聽我的話。　　□是　□否

　2.我使用空泛的威脅。　　□是　□否

　3.我沒有成為一個我想要成為的父母。　　□是　□否

　4.我太常大吼大叫。　　□是　□否

　5.我會說出事後讓我後悔的話。　　□是　□否

　6.我常常發脾氣。　　□是　□否

7. 我利用害怕的心理來刺激我的孩子要表現良好。　□是　□否

8. 我經常打我孩子的屁股。　□是　□否

9. 我對自己管教孩子的方式感到很愧疚。　□是　□否

10. 我很少承認我的錯誤。　□是　□否

11. 我用退讓來避免當眾吵鬧。　□是　□否

12. 我一直折損我的保母。　□是　□否

‧計分：把「是」的答案加起來。

0-4：你做得很好。

5-8：你正在折損中，這在處理問題上並不是有效的方法。

9-12：你的孩子可能變成你的敵人，除非你在管教方法上做些重大
　　　的改善。

解決

如果你想成功的改善你和孩子之間的情況，單單只有好的意圖並不
足夠，你需要一個計畫。

1. 列舉五個可能會因為你的管教風格而造成你不希望的後果的情況。

    (1) _____

    (2) _____

    (3) _____

    (4) _____

    (5) _____

2. 需要什麼樣的改變？

    _____

    _____

3. 選擇你可以控制的改變，例如：把焦點放在「你」。

    _____

4. 界定出為了達到你的目標，你要採取的步驟。

_____

_____

5. 你要如何評估進展？

_____

_____

6. 一個星期後重新檢視目標。

_____

_____

7. 一個月後重新檢視目標。

_____

_____

任務：想想看十年後你的孩子會如何描述你。

_____

_____

離婚

(*Divorce*)

幫助孩子們度過並成長

美國著名的脫口秀主持人歐普拉（Oprah）在節目中討論孩子們和離婚的議題給了我重重的一擊，孩子們的評論是很讓人心碎的：「我希望我的媽媽和爸爸對彼此可以好一點。」「我很討厭我的媽媽說爸爸的壞話。」「我不想要在我父母親當中做選擇。」「當我在家時，我很想念我的爸爸。」離婚很傷，為什麼這件事讓人感到很意外？不要問我。

我將要和你分享我最近所經歷的一個光照時刻。大約一個禮拜以前，毫無預警的，我父親突然生病了；我們無法確定他是否能夠度過這個禮拜。因為如此，我想要（也需要）把握能和他在一起的最後時光。我要求我的一位近親——十八歲的Mona，看她是否能在每天放學後替我照顧小孩，好讓我可以去陪我父親。當她用她一貫甜美的口吻對我說不的時候，我失望極了。然後彷彿一道閃電將我從憂傷之中打醒一般——Mona和我的父親很親近，所以她也覺得很難過！除了專注在我自己的椎心之痛外，其他事我都沒有注意到。同樣地，許多父母們沉溺在他們自己離婚的痛苦中，以至於他們沒有注意到孩子也很受苦。

離婚會改變一個孩子。隨手拿起任何一本由經歷過離婚的成人所寫的書來看，你就會了解我的意思。但是如果正打算離婚或正在分居的成人表現出完全不同的行為情況又會如何呢？假使他們拒絕爭吵，情況將會如何？或者不再對對方口出惡言呢？如果父母們並沒有因為探視權而爭吵，孩子們會覺得好過一些嗎？或者是孩子們可以自由的同時去愛爸爸和媽媽，又會如何？

很顯然，父母們應該要為他們的行為負起較大的責任，並且要警覺到這件事對孩子們的影響。以下是一個經歷離婚的孩子所需要的「基本」需求。

雙親的愛　允許孩子同時愛你們兩個，而不讓他感覺到對你們其中之一是不忠心的。意思就是不要說你的前夫或前妻的壞話，或做貶低對方的評論。鼓勵孩子和他的爸爸（媽媽）有一個穩固和親愛的關係。不管對方傷害你有多深，仍要尊重對方。孩子們是敏銳的偷聽者，所以小心不要在電話裡對你的朋友或向對方的家庭成員抱怨。

誠實　孩子可能會因為他父母的離婚而怪罪自己，除非他了解到這件事和他所說過的、所想的、所做的，或拒絕去做的所有事情都無關。孩子心裡可能會出現一些瘋狂和意想不到的想法：「爸爸是因為我不乖才離開的嗎？」「爸爸離開是因為我和姊姊常常吵架嗎？」誠實但是不需要進入核心細節的告訴你的孩子為什麼你要離婚。

資訊　有任何復合的希望嗎？如果沒有，讓你的孩子知道，不然他會誤以為他可以做些什麼來使你們兩個復合。

穩定　在孩子每天的生活常規中，愈少的改變是愈好的。盡可能避免生活中重大的改變，例如：搬到一個新的房子或者換學校，可以稍緩再進行。

支持　藉由讓孩子知道你了解並且在乎他的感受，來幫助他平復他的生氣、挫折和受傷。如果孩子說：「我恨你，爸爸離開是因為你太壞了。」你要回答：「爸爸和媽媽離婚是因為我們不再愛對方了，但是我們絕對不會停止愛你。」

可親近　向你的孩子再三保證，他可以和爸媽常常接近和聯絡。他可以很容易的和你們聯絡，包括不受影響的通電話。別讓孩子因為去探望離了婚的另一半而感到愧疚，不要用特別的好處或額外的特權來爭取孩子的情感。

避免糾纏不清　不要倚靠你的孩子去獲得情緒上的支持，你的孩子並不知道你離婚期間爭論的細節或是你如何應付的細節。

全面的尊重　雖然你和你的配偶已經沒有婚姻關係，但你和對方仍因為孩子的關係而連繫在一起。為了孩子們好，盡量去尊重對方。不要為了避免

和對方說話而要求孩子們傳遞訊息，也不要將你的孩子扯進任何跟金錢或時間安排有關的口角當中。

為繼父母做考量 不要煽動你的孩子去討厭或違抗他的繼母或繼手足，這些關係是很複雜的，孩子希望得到你的認可去接受那一個他認為是替代你位置的人。

徹底思考 THINK IT THROUGH

重新建構

仔細地想想：「我如何幫助我的孩子應付父母離異的情況？」你要認知到，不管離婚這件事傷你有多深，它傷你的孩子至少兩倍深。

反思

- 當沒有人願意傾聽你的時候會發生什麼事？你可能會感覺生氣、挫折，覺得自己沒有價值，對你的孩子們也是如此。父母需要去傾聽並且尊重孩子們所聽到的，並依此來做些改變。
- 如果我問你的孩子，他對父母離婚是什麼感受，他會怎麼說？

_____

_____

- 如果我問你的孩子，對他而言父母離婚最困難的是哪一部分，他會怎麼說？

_____

_____

- 如果我問你的孩子，是否有什麼事是他希望你停止（或開始）去做的，他會怎麼說？

_____

_____

· 如果我問你的孩子,他是如何應付父母離婚的情況,他會怎麼說?

_____

_____

· 把你的問題當作是學習的經驗,寫下四個你在離婚中所遇到的最
  大議題,以及從中所學到的課題。

  1. 問題是 _____

     _____

     我學到的是 _____

     _____

  2. 問題是 _____

     _____

     我學到的是 _____

     _____

  3. 問題是 _____

     _____

     我學到的是 _____

     _____

  4. 問題是 _____

     _____

     我學到的是 _____

     _____

解決

· 當孩子能表達他的意見時,他們會感到比較樂觀及較少的挫折。

· 讓我們玩「假如」的遊戲來幫助你做不同的思考,並且分辨什麼
  樣的改變將會對你有助益。

1. 假如你的兒子想去探望他的父親，但是這個週末並不是爸爸的探視週，你會怎麼處理？

_____

_____

_____

2. 假如你的孩子要求你不要再說他爸爸的壞話，你會怎麼處理？

_____

_____

_____

3. 假如你的孩子開始在學校出現行為問題，你會怎麼處理？

_____

_____

_____

4. 假如你的女兒要求更多與你獨處的時間，例如她不想要同時和你及你的新伴侶相處，你會怎麼處理？

_____

_____

_____

5. 表達出你計畫如何將你處理離婚相關衝突的新想法化為行動。

_____

_____

_____

情緒的維他命
(*Emotional Vitamins*)
孩子所需的十種基本養分

每一天都有父母問我：「我需要給孩子們吃維他命嗎？」我告訴他們：「是的，但不是從藥罐裡拿出來的那種。」一個孩子對他自己的感覺愈好，他的態度就會愈正向，而且比較不會浪費他的精力在爭吵或惹麻煩。下列就是你的孩子每天所需要的關鍵成分。

1. **尊重** 我們期望孩子尊敬我們，因為我們較年長並且較有智慧，然而孩子也需要被尊重。當你用尊重的態度對待孩子時，他會感到被重視並覺得自己有價值。

2. **接受** 你能夠給孩子最大的禮物就是接受他原本的樣子。接受會帶來同理心和了解，並且會帶來一個更可以預期及平靜的日常生活。

3. **包容** 你的包容力愈高，就能花費愈少的精力去應付事情，反而更能夠享受你的家庭生活。

4. **樂觀** 當你有一個樂觀的態度時，就能感激每一天的生活及其所帶來的挑戰。你會相信孩子有能力做改變，並且認知到改變是需要時間的。

5. **稱讚** 一個很令人遺憾的事實是：我們大多數會批評我們的孩子多於稱讚他們。然而，孩子們從稱讚中所學習到如何去控制他們行為，遠比他們從批評中所學習的要多。

6. **信任** 當你信任孩子有能力去控制他的情緒時，他較有可能成為一個不害怕、有安全感的小孩，而且他比較能夠去處理在日常生活中所遇到的問題。

7.**健康的態度**　藉由教導孩子他是強壯並且健康的，他將會帶著相信自己內在和外在的心態成長。

8.**引導**　經由生活在我們為孩子們所建立的界限之中，孩子們可以真正的學習到自我規律。當你不在身邊引導他時，內在控制將會讓你的孩子感到安全。

9.**家庭慣例**　建立家庭慣例。整體上你對這個家庭投入愈多，你的孩子愈會學習到重視他的家庭。

10.**無條件的愛**　一個孩子要知道，他的父母愛他並不是因為他的好行為、成績或特殊才能。

害怕
(*Fears*)
如何解除害怕

害怕是童年時期正常的一部分，不論你的孩子是害怕黑暗、害怕失敗、害怕鬼怪，或是害怕獨處或走失，這些大部分來說都是很輕微的，只要溫和的保證就可以處理。在我們開始討論如何處理害怕之前，讓我們想想我們可能無意之中增強了孩子的害怕。

自我測驗

· 在家裡孩子會一直跟在你後面嗎？

· 你需要在就寢時間去檢查是不是有鬼怪嗎？

· 孩子是容易擔心的人嗎？

· 孩子會害怕黑暗、蜘蛛、飛機或小偷嗎？

· 你需要躺在孩子身邊以幫助他入睡嗎？

· 孩子是否會拒絕到家裡的某一個區塊？

如果這些問題中任一問題，你的回答是「是的」，那麼本章就是為你而預備的。

· **過度保護的父母**　如果我們為每件瑣事而煩惱，那麼無形中就教導我們的孩子以害怕去面對最壞的情況。

· **教導孩子去擔憂**　如果你常常說類似這樣的話：「動作快，不然你要遲到了。」那你就提升了孩子的焦慮和害怕。

· **比較**　如果我們常說類似「為什麼你不能像姊姊一樣，把房間整理乾淨

呢？」之類的話，那我們就是教導我們的孩子對「比不上別人」感到害怕。

・**灌輸害怕** 要小心是否有傾向去預言糟糕的情況會發生的態度（例如：「如果你過馬路時，沒有左右兩邊都看的話，就會被車子撞到」，或是「如果你不穿上外套的話，就會得到嚴重的肺炎」）。

・**增強害怕** 如果我們對害怕小題大作時，就可能會增強它們。如果你的孩子害怕鬼怪，你就檢查床底下、每個抽屜、衣櫥及窗簾後等等，你可能會給你的孩子一個印象：鬼怪是害怕的真正來源。

・**用害怕來控制** 如果大人使用害怕來讓孩子表現良好時（例如：「如果你不乖乖的，醫生就會給你打針」），就會教導孩子對生活感到害怕。

害怕的形狀

　　我可以想到至少五種的害怕，而每一種都需要不同的行動或回應。當你把所有的害怕都當作是同樣一種來處理時，你可能會增強了其中一些，而其他類的害怕也無法解決。本章將幫助你了解兒童期的害怕，並且教你回應它們的最好方式，如此就可以幫助你的孩子在自我確定、自信和沒有憂慮之中成長。

　　情況 當祖母要抱你五歲大的女兒時，她就會哭泣。

　　原因 陌生人焦慮。這是一個正常的發展階段，不需要特別費心就可以慢慢解決這個問題。

　　如何做 當你抱著他時，讓祖母能和她玩。

　　情況 你學步兒的孩子開始會在夜裡醒來，雖然他之前都睡得很好。

　　原因 分離焦慮是一種可能性，做惡夢也有可能。

　　如何做 滿足他的需求，但是就如我在其他章節曾經提到的，不要讓所提供的安撫在不需要之後變成另外一個新的問題。

　　情況 你學步兒的孩子拒絕盆浴。

　　原因 這單純是一個符合年齡的害怕，他可能會想：「天啊，我快要溺

水了！」或者是對「我會不會跟著水一起被沖到水管裡？」而感到焦慮。

　　如何做　和他討論這個情形，說：「是的，我知道你害怕洗澡，我會在這裡保護你。」或者你可以讓你的孩子用沖澡的方式，或者洗泡綿澡來代替，不管用哪一個方式，不用擔心——這個問題也會過去的。

　　情況　在家裡，你的學齡前孩子老跟在你後面轉來轉去。
　　原因　在這階段的孩子們會有豐富的想像力，而這些想像到最後可能讓他們嚇到自己。
　　如何做　不要對你的孩子想要待在你身旁的欲望大驚小怪，因為他很快就會走開。

　　情況　你一年級的孩子每天早上要去上學都會顯得反抗。
　　原因　可能是分離焦慮或是抗拒學校。
　　如何做　用冷靜且令人安心的態度，並且讓分離的再見簡短又甜蜜。不要試著在他沒看到你的時候偷偷溜走（參見第 191 頁「拒絕上學」）。

　　情況　你學齡期的孩子拒絕在睡覺時關燈。
　　原因　這是單純的兒童期害怕。
　　如何做　允許他睡覺時開著燈，幾個禮拜之後，一旦這個害怕不存在了，你就可以告訴你的孩子現在是關燈睡覺的時候了。

　　情況　你五歲大的孩子在公共場所緊黏著你不放。
　　原因　害羞。
　　如何做　鼓勵他，提供各種不同的社交經驗（參見第 208 頁「羞怯」）。

　　情況　你三歲大的孩子睡著後不一會兒就哭醒。他大聲喊叫，但是他的眼睛並沒有睜開。
　　原因　夜間驚恐。
　　如何做　不要介入（參見第 151 頁「惡夢與夜間驚恐」）。

情況　突然之間你的孩子拒絕和一個他認識的大人一起出去。

原因　雖然我們不樂意這麼想，但是應該要考慮是否被虐待。有些孩子可能會經歷一段時間的「陌生人焦慮」，這狀況會在大約四個月大的時候就開始發生。

如何做　花點時間去想想造成孩子行為的原因，如果你有所顧慮，就和你的小兒科醫生談談。

「我如何幫助孩子克服正常的害怕？」

當我的兒子 Max 六歲的時候，那時我會形容他是我所認識的孩子中最有自信又最自我倚靠的孩子，這就是為什麼當我知道他變得怕黑的時候，我感到很驚訝。有一晚，不知道怎麼搞的，Max 堅持要我讓他臥室開著燈，他會在半夜的時候偷偷跑到他妹妹的臥室，並且爬上床和她一起睡覺。在我稍微探究之後，我發現 Max 是因為看了跟鬼怪有關的電影而被嚇到了。在對他講道理、再保證、給予支持及花時間陪伴他都沒有幫助之下，我決定應該要採取更積極主動的處理。Max 需要我推他一把來幫助他克服害怕，我的目標是讓 Max 知道他可以處理他的害怕，而他的目標是停止害怕。接下來的處理會有成效是因為 Max 想要改變，他討厭怕黑的感覺。

下面就是我用來幫助 Max 的策略，之後我也將這個策略用在來到我診所的其他上百位兒童身上。剛開始你也可以使用這個策略來幫助你的孩子克服害怕，但是，最終他將能夠自己去克服害怕。你應該要記住的是這個頭字語：I-C-A-N（我可以）。

I-C-A-N

把這個頭字語當作是對你孩子克服害怕的能力的一個提醒。

- 確認（Identify）什麼讓你感覺到焦慮　問你的孩子：「是什麼讓你感到害怕？」
- 釐清（Clarify）你的害怕　「你想可能會發生什麼樣的情況？」

- 分析（Analyze）與策略　「你所害怕的事物在什麼情況下可能會發生？」
- 察覺（Notice）你會如何對應

　　這個策略很有效，尤其對那些想要去克服問題的較大孩子們。然而對於較年幼的孩子或較年長但還沒準備好做改變的孩子而言，以下是對孩子最有助益的初步態度。

五種不用於回應害怕的方法

1. 不要用這樣的話來羞辱你的孩子：「不要像個小嬰兒一樣。」
2. 不要強迫孩子去面對他的害怕。
3. 不要使用威脅的話語，例如：「如果你不好好表現，你就慘了。」
4. 不要利用害怕來驅動孩子的合作：「你最好現在就過來，因為我要走了。」
5. 不要下無情的評語，例如：「這沒什麼，就克服它吧。」

- 仔細傾聽你的孩子。給他一個機會去談談他的害怕，但是不要試著去說服他任何的事情。除非你了解他所害怕的，否則你就無法幫助你的孩子去處理他的害怕。
- 向你年幼的孩子再次的保證，害怕是正常的事。
- 分享關於你自己如何克服你生活裡害怕的小故事。以下就是我告訴我孩子們的一個真實故事：當我還是個小孩子的時候，在我房間裡有一張我遠房姑姑的照片讓我感到很害怕，當我在房間裡的時候，我總覺得她的眼睛一直對著我看，每天晚上我都要把照片翻過面拿下來。有一天晚上，我的好朋友來我們家過夜，而我完全忘了照片這回事。我驚覺到什麼事都沒有發生，我就不再害怕了。
- 相信你的孩子有能力處理他自己的害怕。對他說諸如此類的話：「我知道你怕黑，但是我也相信你可以處理這些害怕。」在孩子們成長的過程中，如果他們知道你相信他們對應的能力，長大後他們就會相信自己。
- 少看電視。已經數不清到底有多少次，父母們告訴我他們的孩子在看完電

影或電視後開始感到懼怕。雖然有時候很難去預測什麼事物會讓一個孩子感到害怕，但是我們仍然可以盡力去限制，讓他們只看以兒童為主的節目。

> 孩子的情緒健康並不是決定於他是否感到害怕，而是在於他克服或應付的能力。

「我孩子的害怕是正常的嗎？」

超過 13% 的小孩罹患焦慮疾患。下面這個表格可以幫助你分辨每日的害怕跟焦慮疾患的異同。

害怕通常⋯⋯
可以在六個月之內獲得解決。

焦慮疾患⋯⋯
其中所包括的害怕會持續超過六個月，並且會隨著時間愈來愈增強。

* * *

害怕通常⋯⋯
不影響一個孩子日常的活動。

焦慮疾患⋯⋯
會長時間干擾一個孩子的情緒或社交活動。

* * *

害怕通常⋯⋯
是符合年紀的，例如：害怕鬼怪對一個年幼的孩子來說是正常的。

焦慮疾患……

可能會包含有不合年紀的害怕，例如：如果到了十二歲還害怕鬼怪，那就值得擔憂了。

* * *

害怕通常……

會隨著父母的再三保證而消除。

焦慮疾患……

撫慰和支持並沒有辦法解決。

* * *

害怕通常……

可以和值得警覺的經驗產生連結。

焦慮疾患……

不會和導引的事件產生連結。

採取「回應─能力」

　　每個孩子都有自己獨特的優勢和弱勢。當你了解到孩子是複雜的個體，有著自己的疑惑和害怕時，你就比較能夠給予他支持和照顧，並且比較不會對他有不符合現實或不健康的期待。當你接受你的孩子是一個獨立的個體時，你會感到如釋重負，因為你不再需要對他的每一個怪癖都認為是自己的責任，但是你需要去了解自己對他的問題所造成的影響。

徹底思考　THINK IT THROUGH

重新建構

開始問你自己：「我如何影響我孩子的害怕？」你可能因為把焦點放在害怕而增強了焦慮，或者你可能因為運用它們來控制孩子而增強了害怕，又或者你表現出對孩子的信心而減緩了害怕。

反思

任務：藉由完成下面的練習，使自己對如何造成孩子的害怕——正向地或負向地——變得更為警覺。每一個問題都不要想太久，只要寫下你第一件想到的事情，因為這會是最富有資訊的反應。

　1. 我害怕＿＿＿＿＿＿＿＿＿＿＿＿＿＿＿＿＿＿＿＿＿＿＿

　2. 我藉由＿＿＿＿＿＿＿＿＿＿＿＿＿＿＿＿＿展現出我的害怕

　3. 我的孩子害怕＿＿＿＿＿＿＿＿＿＿＿＿＿＿＿＿＿＿＿＿

　4. 當我的孩子害怕時，我＿＿＿＿＿＿＿＿＿＿＿＿＿＿＿＿

　5. 我相信我的孩子是情緒上的＿＿＿＿＿＿＿＿＿＿＿＿＿＿

　6. 我認為我的孩子害怕是因為＿＿＿＿＿＿＿＿＿＿＿＿＿＿

　7. 我對孩子感到害怕的反應方式是＿＿＿＿＿＿＿＿＿＿＿＿

　8. 所造成的結果是＿＿＿＿＿＿＿＿＿＿＿＿＿＿＿＿＿＿＿

　9. 當我的孩子感到害怕時，我感覺＿＿＿＿＿＿＿＿＿＿＿＿

10. 檢視你的反應，寫下你學到什麼。

＿＿＿＿＿＿＿＿＿＿＿＿＿＿＿＿＿＿＿＿＿＿＿＿＿＿＿＿＿

＿＿＿＿＿＿＿＿＿＿＿＿＿＿＿＿＿＿＿＿＿＿＿＿＿＿＿＿＿

＿＿＿＿＿＿＿＿＿＿＿＿＿＿＿＿＿＿＿＿＿＿＿＿＿＿＿＿＿

解決

‧想清楚你計畫用來幫助你的孩子克服害怕所要做的改變，每一個

步驟都明確的描述出你（而非你的孩子）計畫要去做的不同方式。

_____

_____

_____

・你如何評估你的計畫是否有效？

_____

_____

・如果你已經試過幫助孩子去克服或應付他的害怕而沒有成功，列出你無法達到目標的理由。

_____

_____

・你會準備什麼樣的安全措施來預防投降或放棄？

_____

_____

・關於害怕，你想要教導孩子什麼樣的一課？

_____

_____

・你可以用什麼樣不同的方法來處理你生活中的害怕，而給孩子有個正面的影響？

_____

_____

建議：以這個信念來引導：「我的孩子是堅強的，而且可以處理他自己的害怕。」

髒話
(*Foul Language*)
戰勝不得體的語言

不論到任何一個遊戲區，可以很確定的是：你會不只一次聽到咒罵的話語。很不幸，我不需要到學校的遊戲區才會聽到這樣的話語，我最小的女兒 Madison 已經發現髒話的力量，儘管她並不了解這些話的意義。她從哪裡學到這樣的語言？我真的不知道。就我所知，我的丈夫、我以及其他小孩從來就不罵髒話的。即使這樣的行為對一個容易被刺激的四歲到六歲的孩子而言是非常正常的，但是卻讓人感到非常困窘。無論你的孩子是否已經在公共場所說不雅的話而讓你覺得面紅耳赤，先準備一些當這樣的事情發生時可以使用的法寶在你的口袋裡，會是一個明智之舉。

> 小孩子喜歡浴室型的談話方式；像這些字「尿─尿」和「便─便」就會讓他們感到瘋狂。小孩子對身體功能的著迷並不需要太在意，因為這隨著時間就會過去。

下列的清單主要是讓你在回應不適當語言時作為一個起始。問你自己：「我如何對髒話做反應，而不至於使它變得更有吸引力？」當你試著去決定怎麼樣的反應是最好的時候，記得只要不用你的注意力來增強它，這樣的不適當行為就會消失不見。解決這樣的問題會比你想像的還要容易。

• 讓孩子知道你了解他要去學習使用一些新的話語，而你無法接受這些特別的話語。

- 使用「我」語言。可以這樣說：「這些咒罵的話讓我覺得很不舒服，請選擇其他的話語。」

- 如果孩子講出咒罵的話語，可以這樣說：「我聽不出來你想要告訴我什麼，請選擇其他的話語。」

- 幫助孩子不用咒罵的驚歎語而表達他的感覺：「你聽起來真的很生氣，發生什麼事了嗎？」或者是「你一定非常生氣，告訴我什麼事讓你這麼生氣。」

- 你可以體會孩子的感覺而不接受他表達感覺的方法，如此說：「我知道你正在生氣，但是我不喜歡你用說髒話的方式來表達。」

- 問問你的孩子看他是否知道他所講的話的意義。當我最小的女兒了解到她所說的話代表著什麼意義時，她很快就停止說髒話了。

> 如果你不注意自己說出口的話，那麼你就不能去期望你的孩子留心注意他的語言。

「你從哪裡學到這樣的語言？」

你正坐在沙灘上和家人享受這晴朗的陽光，四歲大的 Neil 要求她的姊姊和她一起建造一座海沙碉堡，但姊姊正在看書並且說：「現在不行，也許等一下吧。」而她吼了回去：「你這個死——爛——人！」四周每個聽到的人都在等著看你的反應，你會怎麼做呢？

不要這麼做

對著你的孩子吼叫並且打她的屁股。

「你再給我說這樣的話試試看。」

請這樣做

在你反應之前想想你要說些什麼。

「從現在起,當你失望的時候,我希望你換種方式說。」

* * *

不要這麼做

要求道歉。

「說對不起,不然你就不能吃冰淇淋。」

請這樣做

對情緒而不是對話語做反應(當面對的是一個年幼的孩子而言,這是合適的)。

「你很失望,你真的想要建造一座海沙碉堡,對不對?」

* * *

不要這麼做

讓你的孩子踩到你的紅線。

「你竟敢這樣說話!」

請這樣做

一直等到你冷靜下來再說話。

「我知道你很生氣,但是我不喜歡這樣的語言。」

監控電視、電影和錄影帶節目,以及你自己的話語,如此你才能確定你的孩子擁有一個正向的角色模範。

採取「回應—能力」

反向心理(reverse psychology)是對應髒話的方法。當它所接收到的注

意力愈少時，它就能愈快被消除。記住，下次當你的孩子說出一些讓你面紅耳赤的話語時，你的第一個反應可能是對這樣的話語採取一個堅定的立場。如果可能的話，處理這個狀況最有效（且最快）的方法就是保持冷靜。把焦點放在你自己的行為，來取代對你孩子的大聲斥責和咆哮。

徹底思考 THINK IT THROUGH

重新建構

思索：「我的反應是否助長了講髒話這件事？」

反思

‧列出五種造成你不希望得到的結果的反應方式。

1. _____
2. _____
3. _____
4. _____
5. _____

‧列出五種你可以引起正向回應的方式。

1. _____
2. _____
3. _____
4. _____
5. _____

解決

發展出一個如何消除髒話的計畫。

_____

—————————————————————————————

—————————————————————————————

提示：你如何著手處理這個問題，將會與你孩子的性情和年紀以及問題的嚴重性有關。

撞頭
（*Head Banging*）
什麼是有幫助的，什麼是有傷害的

在社區醫院小兒科病房裡服務的二十八歲護士Denise回憶說：「有一天，我十五個月大的兒子Mack正在玩錄影機，當我要他不要再玩的時候，他就躺在地板上並且開始把頭像鐵槌一樣的敲擊磁磚地板——碰、碰、碰。一開始，我還以為他癲癇發作，後來發現他是故意去撞他的頭，他為什麼會做這樣的事？」

撞頭這個行為會使那些即使是最會教養孩子的父母心裡產生害怕，然而這對那些年紀在六個月到四歲之間，尚無法講道理及尚未學會口語前的孩子而言，是一個正常的情緒出口。這個行為有幾個目的：第一，它是一個自我安慰的方法，例如兒童藉由用頭去撞床頭板來哄自己入睡；第二，一個還不會說話的兒童可能藉由敲頭來處理他的生氣和挫折；最後，對一個有感官缺陷的孩子，如聽覺問題、視覺障礙或認知遲緩的孩子而言，敲頭是一種自我刺激的方法。

會用撞頭來處理其挫折的小孩，是尚未發展出他所需要用來延遲他的高興、壓抑他的情感，或表達他的情緒的精神心理組合。當這些技巧發展出來，撞頭的行為就會自然消失。在這段期間，我對你孩子的撞頭行為並不會介入，因為介入只會激怒他。下面這些策略是可以用來減少給孩子的挫折程度，並且教導他如何表達他的感受。

正向對話　幫助你的孩子學習表達自己。讓我們假設你的孩子不太會玩拼圖，他把拼圖片放置在錯誤的位置，並且試著強迫這些拼圖片互相卡住，

這時你不要說：「這只是一個拼圖。」要對你的孩子說：「你真的很生氣，生氣沒有關係，但是你要用說的來表達。」

冷靜下來　教導你的孩子從情況中暫停直到冷靜下來。如果你的孩子是被激怒了，可以說：「你真的很生氣，所以先讓我們做一會兒別的事情，等到你冷靜下來，再試著去玩拼圖。」大部分的孩子會因為這樣的介入而感到放鬆。

指出挫折點　你是否曾經覺得心煩意躁，卻不知道到底是什麼事讓你不開心？這對年幼的孩子而言，是非常普遍的情況。有孩子可能因為遇到一些不公平的事情而覺得生氣，但是他並沒有辦法把它表達出來。幫助你的孩子去辨別出問題，並且幫他用口語表達出來。讓我們假設現在正要出發去看你大兒子的足球賽，而你較小的孩子正在鬧脾氣。可以這樣對他說：「你不想參加你哥哥的足球賽，是不是？或許下個禮拜我們可以安排你去朋友家玩，而不是去足球賽。」

> 撞頭是一種自我撫慰的方式，就像吸吮拇指一樣，它幫助孩子去處理他的情緒，而這是一件好事情。

☀ 去除壓力的策略

在我們教導孩子如何去處理他們的生氣時，如果我們同時再給他們壓力，這樣是毫無道理的。這裡有一些如何去創造和維持低壓力家庭生活的原則。

- 讓你的家中成為對孩童友善的環境，這樣你就不需要一直對孩子說不。
- 抱持適當的期望。根據孩子的年紀、發展和氣質，知道什麼樣的期望是合理的。
- 密切注意：你會對你的孩子嘮叨不停嗎？或者一直煩擾他嗎？這對一個年幼的孩子而言是挫折的，並且會造成他的忍受度降低。
- 給予正向回饋。有時候我們會太專注於我們孩子所做錯的一切事情上，而

忘記要稱讚他們所做對的部分。

· 積極主動。如果你感覺到麻煩快要發生了，就用其他的事情來使孩子分心，不要等到孩子發脾氣再處理。你要及時地介入並引導孩子去做其他較不會感到挫折的活動，這對還不會說話的孩子而言尤其重要。

採取「回應─能力」

　　所有人──包括我們的孩子們──都要知道如何去面對壓力。但是，你如何教導一個學步兒，在聽到「不」這個會讓他歇斯底里的字時，還能不為一丁點的小事而感到焦慮不安？就實際面而言，你無法完全的預防孩子去撞他的頭，而你也不應該試著如此做。然而你可以幫助孩子學習如何去表達和處理他的情緒，學習如何去掌控情緒是成長的一部分，而在本書之後的其他章節裡，我們將會討論其他的方法來幫助孩子學習掌控他們的情緒。

徹底思考　THINK IT THROUGH

重新建構

考量：「我對撞頭的反應方式是鼓勵或抑制它的發生？」

反思

使用 S-T-O-P 的頭字語來幫助你觀察自己的行為。

1. *看見*：在你的心裡重新播放會導致你憂愁的情況。

_____

_____

2. *思考*：你的想法如何影響了你反應的方式？

_____

_____

3. *觀察*：退一步去注意你的身體語言、說話語調和臉部表情。

_____

_____

4. *組合*：你的心理和情緒因素如何影響了你的直覺反應？

_____

_____

解決

現在你對於你這一端的方程式應該比較清楚了，讓我們試試一個新
的方法。

1. 當我的小孩撞頭時，我計畫要：

_____

_____

2. 如此做最困難的部分將可能是：

_____

_____

3. 為了幫助我處理這個情況，我計畫去：

_____

_____

4. 列出五個你可以幫助你的孩子較不感到挫折的方法。

(1) _____

(2) _____

(3) _____

(4) _____

(5) _____

需要高度關注（精力充沛）的嬰兒和孩童

[High-Maintenance (Spirited) Babies and Kids]

適合父母的解決方法

‧‧‧‧‧‧‧‧‧‧

Sam 的媽媽在他六個月大的時候到我辦公室來徵詢一個不同的意見，因為她認為她的醫師似乎誤診了 Sam。她的寶寶好像有什麼問題：他經常哭泣、不能把他放下來、睡眠不好，而且很少微笑。當他哭泣時，他會抬起雙腿、臉部脹紅，並且會排氣，Sam 的媽媽擔心他可能是消化的問題或食物過敏。他從來不肯安靜下來；他會在媽媽的臂膀中扭動不停，並且會在很沉的睡眠中哭著醒來，哭得就像身體哪裡很痛一樣；沒有什麼可以滿足他，他對玩具沒有興趣、討厭洗澡、不喜歡被抱，但也拒絕被放下來。在我測量過Sam的身高體重，並且仔細地把他從頭到腳檢查一遍後，我確認他生理上並沒有什麼問題。他成長得非常好，他的發展和身體檢查也都完全正常。然而我也知道Sam的父母希望我能找出一些小問題來醫治，好讓他們在照顧Sam上能夠容易一點。

若用字來形容 Sam，他可以說是一個「難養育型」的孩子（difficult child），這並不是因為有什麼潛在的問題，他的行為就是他的性情表現。每個孩子都有他的個人風格，其反射出在某個事件上他如何接收、反應和表現。有些寶寶很容易相處，而有些卻暴躁不安；有些甜美且溫柔，但有些是不斷地生氣；有些是很容易被安撫，相對的有些則會需要你花費更多的精力、給

予更多的關注並轉移他的注意力，你也要更有耐心。當你無條件的接受孩子現在的樣子，你就是朝著更平和的家庭生活跨了一大步。

我們天生的性情是否從一開始就定義了我們的人格呢？「天生 vs. 培養」是一個老掉牙的爭論。然而身為人類，我們一直處於進化的過程，並且不斷發展，我們的性情也是如此。社會、出生排行、經濟、生活事件、家族歷史、親職教養風格和個人情況等因素，都在生命中的任何不同時刻幫助定義和塑造我們。

性情描述了一個人在這個世界的表現方式，但是不會限制住我們。孩子們用他們無比的能力成長和改變，並以此來對付我們貼在他們身上的標籤，這就是為什麼我不願在一個孩子身上貼上如困難的、苛求的、容易相處的、暴躁不安的，或任何其他的形容詞。標籤（尤其是負面的標籤），會限制住一個孩子而不是限制性情。不管怎麼說，想要真正了解一個幼兒，你需要去了解他如何和這個世界互動及回應。

☼ 「他是很暴躁不安的」：典型難養育型的孩子

就像我們一樣，每個孩子在這個世界上都有他與生俱來的風格。我們對挫折和壓力的反應不盡相同，活力和敏感程度也都不一樣。1956 年， Alexander Thomas、 Stella Chess 及 Herbert Birch 等醫生們提出並形容了九項特質，可用來評估與決定任何一個孩子的性情範圍，從非常容易到非常困難。當孩子的性情特質愈多是落在困難的範圍中，那麼你當父母的這個工作就會愈具挑戰性。

‧ **活動程度**　這個孩子到底有多少的精力？愈活躍的孩子在教養上會愈困難。

‧ **分心度**　一個孩子愈容易被其他事物所分心，在教養上會愈困難。

‧ **情緒強度**　這個孩子的情緒是不是很極端？例如：當他生氣時，他是暴怒的；當他快樂時，他是狂喜的。他的情緒範圍愈極端，這個孩子的行為表現就會愈難教養。

· **規律性**　這個孩子的行為是不是可以被預知？他吃東西、睡覺及玩耍是否有常規可循？行為愈無法被預知的孩子，在教養上就愈困難。

· **固執性**　這個孩子是否會「固著於」他想要的事物或想做的事物當中？他在從一個活動轉換到另一個活動時，會不會有困難？固執性愈高的孩子，在教養上就愈困難。

· **感官閾限**　這個孩子對噪音、光線、味道及觸感的反應是不是很強烈？愈敏感的孩子，在教養上就愈困難。

· **初期的退縮**　這個孩子對一個新的情況如何反應？對於新的經驗愈無法敞開心胸的孩子，在教養上就愈困難。

· **適應能力**　這個孩子面對改變的能力如何？適應能力愈低的孩子，在教養上就愈困難。

· **情緒化**　孩子的性情如何——如天使般的、暴躁不安的、隨遇而安的或者是生氣勃勃的？當孩子負向的特質愈多的時候，在教養上就愈困難。

在本章我們要看看，你如何能對你孩子人格裡具挑戰性的層面造成正向的影響。就像我在這本書中一直提到的，你無法強迫孩子改變，但是你可以激勵他去做改變，以下就是如何去做的方法。

跳脫一般的思考框架　當大人們覺得孩子難以教養而予以責怪及處罰時，這麼做可能會發展出次級性的問題，如：低自尊、生氣及敵意。避免這種情況發生的方法，就是要認清孩子的性情是他無法控制的，並且幫助他和他這樣的天性妥協溝通。就在上個禮拜，一對親切和藹的父母為了他們五歲大的兒子 Timothy 的問題到我的辦公室來找我：「他不聽話，運動也不好，而且無來由的就生氣。」這個爸爸抱怨的聲調中透露出對他兒子深深的失望。而當我探究愈多，就愈清楚的發現 Timothy 有著難以管教的性情。一個很多父母經常會犯的錯誤，就是把孩子的行為風格錯誤的解讀成他是故意的。藉由對於性情這個觀念的了解，並且認知到它會影響一個孩子如何自然地對事件做反應，我們才能夠知道孩子的需要，並且藉此減少衝突及挫折。

創造資產而非混亂　建構在你孩子的優勢能力上並且減少他的弱勢，尋找解決方法而不是尋找錯誤。用有效的問題，如：「我如何能夠鼓勵我的孩子安靜的坐著？」來取代這樣的想法：「為什麼我的孩子從不安靜坐好？」

積極主動　與其坐著等待問題的發生，不如採取行動來預防它。當你事先計畫好時，你就能夠消減可能會造成極度不愉快的問題。

給予引導而非處罰　這個想法當然是在我們引導孩子時，我們不但教導他並且使每個人都能輕鬆一點。無論如何，處罰的意義是傷害，處罰一個孩子天生的人格會導致他低自尊及憤怒的議題。

我並不是建議你在此種情況下要接受或忍受不適當的行為，而不論你的孩子是否有著難教養的性情。如果這麼做，對孩子、家庭、學校以及社區都會是場災難，反而我要建議你從孩子最難教養的部分介入，並且營造出能夠幫助他成功的情境。一個典型的情境就是：父母要求我幫助他們去處理一個在遊戲區惹麻煩的孩子。很明顯地，父母當下並不在現場，而事後再來處理問題是沒有意義的。你最自然的反應可能是教訓你的孩子並且處罰他，然而這並沒有助益。如果下課時間對你的孩子而言是有困難的，那你就需要將造成問題的情況加以改變，而不是去期望你的孩子改變。例如：將他與一個能夠處理問題或縮短他休息時間的小幫手（一個能夠幫忙處理遊戲區問題的較大孩子）配成對。當我們處理這個問題時，捫心自問：「我如何能夠幫助我的孩子在這個情境下成功？」我們會發現有無數個可以使用的解決方法。

用創意來代替惱怒　一個極端的孩子可以從創造性思考及計畫中得到助益。將你的精力放在嘗試新的處理方法，而不是一味以舊的、無效的反應來回應孩子的難教養行為。如果你目前在做的方法看不到效果，試著用一些不一樣的方法。

放入正向的詮釋　很多被定義為難教養的性情，一旦從一個不同的觀點來了解之後，你會發現其實它們是正向的特質。昨天，我和一位擁有七歲大雙胞胎女兒的媽媽見面，她的其中一個女兒Cecil是個小天使，而另一個女兒Naomi 則是令人頭疼的。這位媽媽實在搞不懂，兩個孩子都是用同樣的方法

教養，為什麼其中一個會如此的叛逆又愛生氣。當孩子們在外面玩耍而叫他們回到屋內準備上床睡覺時，Cecil會二話不說進到屋內，而Naomi則會跺腳並且拒絕回房。當我們分析Naomi的行為時，我要這位媽媽從她女兒的觀點來思考這個問題。突然間，她了解了Naomi的違抗其實是希望的一種表現，拒絕進入屋內是小 Naomi 表達：「我正玩得開心，我討厭上床睡覺」的方法。當你從孩子的觀點了解問題，你會看到他不適當行為的無辜性。而這是件好事，因為當你停止把孩子當作是難教養的這種想法時，你就會停止發怒。

負向解讀	正向解讀
情緒化	熱情的
倔強的	堅韌的
易分心的	好奇的
亢奮的	有精力的
劇烈的	敏捷的
執拗的	堅決的

以解決方法為方向 這個部分就是你拿筆在紙上寫下用來解決問題的策略，讓我們以Naomi當作例子，扼要重述：每次睡覺時間，當Naomi被要求回到屋裡的時候，就會出現爭吵。讓我們藉由詢問一個有效力的問題開始：「Naomi 的父母可以有哪些不同的做法來減少就寢時間的困難呢？」如果我們把Naomi看為叛逆的話，我們就較可能使用鐵腕策略。然而如果我們以尋求解決方法來代替發現錯誤的話，我們就較可能找到答案。

以下就是Naomi的母親如何解決問題的方法：她接受了Naomi在就寢時間有困難的事實，與其每夜重複同樣無效的方法卻持續希望出現一個不同的結果，Naomi 的媽媽改變了她處理問題的方法。她嘗試了幾種不同的策略，直到她發現其中一項有效的方法。現在，在 Naomi 被要求進到屋子裡之前，會先得到一個一分鐘的提示，她攜帶了一個計時器用來當成遊戲時間結束時的提醒。當她進到屋子裡，她會得到稱讚，於是就在沒有發脾氣下順利進入就寢時間。這個策略對 Naomi 及她的家庭而言是有用的，然而它之所以有

效，主要是因為採取了以解決之道為方向的心理設定，以及 Naomi 媽媽的態度所產生的不同。

創造解決之道

問題是＿＿＿＿＿＿＿＿＿＿＿＿＿＿＿＿＿＿＿＿＿＿＿＿＿＿＿＿＿＿＿＿＿＿＿＿＿

＿＿

我可以用什麼不同的方法來激起孩子的不同反應呢？＿＿＿＿＿＿＿＿＿＿＿＿＿＿

＿＿

＿＿

＿＿

和孩子們一起解決問題　　當孩子們被要求參與問題解決時，他們會有很多話要說，這不只是一個具有尊重的方法，而且是一個非常有效的方法。在我的女兒 Marissa 一年級的時候，她開始不吃午餐。我以為她是對每天吃同樣的三明治而感到厭煩，於是我試著去做一些顏色豐富的食物及好吃的點心，不過這個方法並沒有什麼用。我絞盡腦汁試著去發現 Marissa 會吃些什麼東西，而當這樣做也沒有效果時，我問她：「到底是怎麼回事？為什麼你不吃午餐呢？」她的回答令我目瞪口呆：「我們以前是在午餐室吃午餐，但是現在是在我們的書桌上吃。老師常常抱怨我的桌子很髒亂，所以如果我吃飯時再把桌子弄得亂七八糟，我擔心我會有麻煩。」如果沒有問我的女兒，我可能到現在都還會為她準備很吸引人（但是會吃得亂七八糟）的午餐。

採取「回應—能力」

　　要養育一個難養育型（例如：精力充沛）的孩子是不容易的，然而在這個過程當中，你將會更認識到你自己：你的優勢和你的弱勢。你給孩子所有你最好的部分嗎？如何可以讓你變得更有耐心？你是否用了你知道對孩子而言是適合的方法？你如何能夠持續改變，並且讓它能幫助你更能成為你理想

中的那種父母？我們無法控制孩子天生的性格，但是我們可以控制我們要如何回應及與他互動。

徹底思考 THINK IT THROUGH

重新建構

詢問：「我是否幫助我的孩子成為最好的自己呢？」

反思

・做以下的「慣例」測驗，來辨識出當你引導你那生氣勃勃的孩子時的問題所在。

1. 我常常對孩子吼叫或教訓他。　　□是　□否

2. 我對孩子的行為感到很挫折。　　□是　□否

3. 我了解孩子。　□是　□否

4. 我試了各種方法來處理讓我感到煩惱的議題。　　□是　□否

5. 我和我的另一半在如何處理問題上有不同的意見。　　□是　□否

6. 我束手無策，不知所措。　□是　□否

7. 我很擔心孩子的未來。　□是　□否

8. 我可以從孩子有問題的特質上看到正向的層面。　　□是　□否

9. 我感到很愧疚。　□是　□否

10. 我希望我的孩子可以更像他的兄弟姊妹一樣。　　□是　□否

11. 我正在學習如何避開問題。　□是　□否

12. 我有所需要的精力去處理孩子的不適當行為。　　□是　□否

13. 我認為孩子是故意表現不適當行為的。　　□是　□否

14. 我對未來抱持著希望。　□是　□否

15. 我認為我的這個難養育型孩子對他的兄弟姊妹是個不良的影響。　　□是　□否

16.我對孩子太嚴格了。　□是　□否

17.我會打我的小孩。　□是　□否

- 計分：計算回答「是」的答案數目。

0-3：你能夠掌握情況。

4-6：你用無效的或負面的形式回應你的孩子。

7-10：你的感受和反應很有可能引起負面的效果以及更多的困難。

解決

- 做計畫是成功改變的開始。安排一個策略來處理你最大的挫折，你計畫的基礎應該是關於你意圖去做的改變，每次以處理一個問題點為主。

1.我計畫要立即去處理的議題是_____

_____

2.我的目標是_____

_____

3.我的方法是_____

_____

4.我期望_____

_____

5.如果這個方法沒有效果，我會_____

_____

6.一個星期後回顧進展。_____

_____

7.下一個我計畫要處理的議題是_____

_____

8. 我的目標是_____

_____

9. 我的方法是_____

_____

10. 我期望_____

_____

11. 如果這個方法沒有效，我會_____

_____

12. 一個星期後回顧進展。_____

_____

· 寫下一個正向的措辭來描述以下的特質：

1. 負向措辭：亢奮的

正向措辭：_____

2. 負向措辭：易分心的

正向措辭：_____

3. 負向措辭：情緒化的

正向措辭：_____

4. 負向措辭：倔強的

正向措辭：_____

5. 負向措辭：執拗的

正向措辭：_____

· 選擇在孩子的心理和情緒健康上做投資，你將會享受到與孩子更緊密以及更親愛的關係。

干擾
(*Interrupting*)
它比你所想的還要容易解決

．．．．．．．．．．

今天早上，當我的先生 Henry 正在講電話的時候，家裡的老么 Madison 一直用緊急的問題來打斷他，例如：「爸爸，最小的螺絲起子在哪裡？」「爸爸，爸爸——你有沒有電池啊？」「爸爸，爸——爸——，為什麼我的顯微鏡不能用？」我驚訝的看著Henry，他同一時間試著要使Madison安靜下來，並且講完他的電話。孩子會因為很多不足為道的理由而出現干擾行為，他們可能會因為他想成為關注的焦點，而出現如態度不好或衝動等干擾行為。年幼的孩子會出現干擾行為，是因為他們天生就相信世界是以他們為中心的。然而，到了孩子約七歲的時候，是應該要讓你的孩子用一種有禮貌的方法來尋求你的注意力了。

自我測驗

・當你在講電話的時候，你的孩子會干擾你嗎？

・你是否發現當你在談話中，要不受任何一個孩子干擾是不可能的？

・你的孩子們是否會打斷你，然後卻忘了他們想要說什麼？

・你是否覺得在你對其中一個孩子說話時而沒有其他孩子來打斷你是不可能的？

如果以上任何一個問題你的答案是「是的」，那麼你就需要讀讀這一章。

教導年幼的孩子不要干擾　每一個我認識的父母在講電話時，都無法避免孩子們的干擾，有幾種方法可以用來處理這個情況：（1）使用無線電話，

這可以使你持續談話並且知道你的孩子在做些什麼，如此你就可以及時介入，或者在你的孩子開始坐立不安之前掛掉電話；（2）事先想好。在打電話之前先詢問你的孩子，他們要不要坐下來讀一本書或畫圖；（3）給年幼的孩子一個裝滿有趣物品的盒子，這會讓他在你講電話的時候有東西去探索；（4）如果孩子在你談話的時候打斷你，你可以說：「在我掛斷電話之後，我會幫你的」；（5）藉由你事先所表現出來的感激來增加你孩子合作的可能性，與其給予警告說：「在我講電話的時候不要來吵我。」不如說：「當我和外婆聊天時，謝謝你在一旁自己玩。」

積極主動 在家工作或是經營家庭事業的父母就知道事先計畫的重要性。當我下了班回到家裡時，在我能放鬆之前，我通常需要回大約十通電話。我學習到可以讓我打電話而不受到干擾的最佳方法是，首先給予孩子們我全部的注意力，一旦孩子自己走開去做自己的事情時，我才開始打我的電話。

> 假使你認為：「我的孩子在我講電話時，應該可以安靜的坐五分鐘。」那你就為你自己製造了挫折。孩子們天生就是以自我為中心，如果你允許他們這麼做的話，他們就會干擾你。

教導孩子們尊重彼此 暫停一下並且觀察孩子們，他們會干擾彼此嗎？如果會，那就制定一項不准干擾的家庭政策。年幼的孩子們可以學習對彼此說：「你打斷我了，請等我講完話。」一旦你開始這麼做，你會很驚訝的發現解決這個問題是多麼容易。

評估狀況 問問你自己：「我如何允許干擾的發生？」當干擾發生時，可以這樣回應：「我想要聽聽你說什麼，但你要等到我講完話之後。」

符合現實 不要期望孩子可以永遠保持耐性，當你因為孩子尋求你的注意力而訓斥他之前，要先確定你的期望是符合現實的。

☆「很抱歉，我正在講話」

你需要打一堆電話給你的客戶，而你的保姆打電話來說她生病了，不能來幫你看小孩。在你回第一通電話時，你的女兒拉著你的衣袖說：「媽咪，媽咪！」你小聲的說：「噓！」你很擔心如果她不停下來的話，你可能會失去你的客戶。

不要這麼做

給孩子警告。

「給我安靜幾分鐘，不然我就要打你了。」

請這樣做

在你打電話之前，告訴孩子你需要十五分鐘的工作時間；當你需要像這樣的時間而走開時，可以給他們看一片新的錄影帶。

* * *

不要這麼做

忽略你的孩子並且希望他會安靜下來。

請這樣做

使用無線電話，牽著孩子的手並且跟他走到房間玩。

* * *

不要這麼做

把你的客戶按在保留線上，同時對著女兒吼叫要她不要再來打擾你。

「出去，不要再來煩我！」

請這樣做

讓孩子知道再一分鐘你就會結束談話。

「我很快就會講完這通電話，然後我會聽聽你想要說的話。」

採取「回應－能力」

我們回應干擾的方法將會決定它們是否會繼續出現。問問你自己：「我允許干擾的發生嗎？目前我如何處理干擾？有效果嗎？」教導你的孩子學習等待、輪流並且培養他們對彼此的尊重（尤其是對兄弟姊妹），這樣不只會對你的孩子有助益，並且會使你的家庭生活更平和。

徹底思考 THINK IT THROUGH

重新建構

花點時間檢查一下：「我做了什麼讓孩子以為干擾我是可以被接受的？」

反思

使用 S-T-O-P 的頭字語，來幫助你聚焦在你的行為上。

1. *看見*：在你的心裡重新播放一次會導致你憂煩的情況。

_____

2. *思考*：你的想法如何影響了你回應的方式？

_____

3. *觀察*：退一步並且注意你的身體語言、說話語調和臉部表情。

_____

4. *組合*：你的心理和情緒因素如何影響你的直覺反應？

_____

解決

・你可以用什麼樣不同的做法來引起孩子的不同反應？

_____

_____

‧寫下幾句有效用的話，好運用在下次孩子干擾你的時候。

_____

_____

_____

_____

特別注意：在干擾減少之前，要預期這種情況是會有增無減的。

介紹新成員
(*Introducing the New Baby*)
不要擔心……高興一點

——► 十九歲的 Clara（她是位很成功的電腦顧問）在懷第二胎時，她很擔心
——► 她四歲的大女兒。「當我去住院時，Dana 會不會覺得被遺棄了？」更
糟的是，「當我抱著新生兒回家時，她會不會感到嫉妒？」Dana 和她的媽媽
一起去做產前檢查、幫她的小妹妹選名字，並且收到和她小妹妹一樣的每件
禮物，因為 Clara 希望她的孩子們有一個比她自己和她姊姊更親密的連結。
然而 Clara 沒有發現到的是：她不但沒有幫助形成這樣的關係，反而使 Dana
對新生兒感到嫉妒與爭競。

　　不要假設你的孩子會感到嫉妒，大部分三歲以上的孩子們對家裡來了一
個新生兒是感到歡迎的，而且大部分年幼的孩子只會覺得很有興趣。通常手
足之間的爭競會在他們較年長之後才會成為問題。

　　心理如何運作的一個原則是：我們會傾向我們所聚焦的事物。如果
你向自己保證一定會照著減肥食譜吃，而且每天你都把這件事想了
好幾遍，那最可能發生的是：只要你有機會，你就會去拿餅乾來
吃。在上述的例子裡，Clara 決心要向 Dana 證明多增加了一個小妹
妹並沒有什麼好嫉妒的。而她用這麼多的方式來證明這一點，反而
讓 Dana 變得猜疑，她可能會這麼想：「如果我的媽媽想盡辦法要
說服我沒有什麼好嫉妒的，那就一定有些什麼事，是我需要感到嫉

妒的。」想像一下，如果 Clara 投下同樣的精力來替 Dana 做心理建設：「有個小妹妹會多麼有趣啊！」那會是什麼結果？

停止覺得愧疚　很多媽媽對於有了新生兒而被愧疚感折磨著，他們擔心是否能夠像她愛第一個孩子這樣愛其他的孩子，而同時因為當下的家庭結構馬上就會改變而有失落感。很多媽媽告訴我：「我覺得我好像在對我的第一個孩子說『你不夠好』。」對於這些媽媽們我會說：「家庭是為了生命而存在，沒有什麼是比一個兄弟或姊妹還要更大的禮物了。」

不論你是否做「對」了每一件事，有一小部分的孩子們將會怨恨新的手足。

製造一個正向的連結　我的女兒 Marissa 喜歡陪著我去做產前檢查。她跟我都會拿到一個尿杯，而且護士會量我們的血壓，幫我們量體重。這對我們「女生」是一個特別的時間，而且這幫助了 Marissa 在妹妹出生之前，就可以感受到她和妹妹的連結。

寶寶 101　教導孩子有關寶寶在你肚子裡成長的狀況。有些醫院會有為手足準備的產前方案，孩子們可以參加參觀產房和哺乳室的產前行程。有位媽媽說：「當我的孩子們踏上他們的行程時，他們參觀了哺乳室，看到了媽媽餵母乳的照片，他們玩媽媽和嬰兒的洋娃娃，而且回家時還掛著醫院的名牌手環，在那之後他們覺得當一個大姊姊或大哥哥並沒有什麼不好。」

符合實際　愈少意外的事愈易於轉銜過渡。當新生兒出生時，他將會睡在媽媽房間裡的嬰兒搖籃。「當寶寶肚子餓、疲倦或無聊時，他們會哭，有時候也會沒理由的哭。」「我們會帶他到 Cathryn 醫生那裡檢查。」「寶寶有著很可愛的肚臍眼。」「寶寶們不會微笑。」

走進記憶之廊　讓孩子看看他從醫院回到家裡時的模樣的照片，並且告

訴他關於他出生時的故事。藉由重新探訪他的嬰兒時期，來幫助你的孩子準備將要發生的事。

提早做改變　在新生兒出生之前預備足夠時間來幫較大的孩子斷奶、不再吸奶嘴或讓他睡較大的嬰兒床，否則他可能會因為生活中的改變而歸咎於新生兒。

> 讓較大的孩子變成一個「大幫手」時也要留意，孩子們可能會因為他們想要你特別的關注而困在這個角色當中。

溫柔再溫柔　藉著用洋娃娃來做示範，教導孩子如何溫柔的動作。她對於輕輕觸摸的概念愈有經驗，以後所需要的提醒就會愈少。

不要忽略較大的手足　當你把焦點專注在第二個孩子時，小心不要忽略了你的第一個小孩。我注意到很多（慈愛的）父母，當他們在和我討論新生兒時，會要求老大安靜的坐著，期望第一個孩子學會褪去舞台上的光環，或者懂得合作，這樣並沒有什麼錯，但是把他排到後面當背景是不夠敏感又不尊重的做法。

符合實際　很多父母對較大的孩子有著不符合實際的期望。如果孩子不聽你的話，問問自己：「依我孩子的這個年紀和性情，我是不是給予太多的期待了？」

預期退化行為　很多已經學會如廁訓練的學步兒，在新生的弟弟妹妹回到家裡時，可能會出現尿在褲子上的意外。如果這個情況發生時，只要說：「喔，你有個小意外。」如果孩子要求要使用奶瓶，體認到他想要說的是：「我想要當一個寶寶，這樣我也可以得到較多的關注和擁抱。」藉由讓他覺得他是有價值而且很特別的來滿足他的需求，這是很重要的，但是嬰兒奶瓶本身是不需要的東西。

該說什麼？　孩子有權力去擁有他自己的感覺，關鍵在於要知道你應該如何回應，去幫助他感受到是被了解的、有價值的而且是被尊重的。

如果你的孩子說

「我討厭小寶寶。」

她感覺到

「我感覺到不再有人在乎我了。」

不要說

「不，你不討厭寶寶，你愛你的小妹妹。」

可以這樣說

藉由如此說來讓你的孩子知道她的感受是很重要的：

「你討厭小寶寶的什麼地方？」

* * *

如果你的孩子說

「你再也不花時間和我在一起了，你總是忙著餵小寶寶。」

她感覺到

「我感覺被遺漏了。」

不要說

「那不是真的，我才剛帶你去上過直排輪的課。」

可以這樣說

「那麼當我在餵寶寶的時候，我們要不要一起讀一本書？」

* * *

如果你的孩子說

「真是不公平,為什麼我要比寶寶還早上床睡覺?」

她感覺到

「我感到很嫉妒。」

不要說

「因為你是個大男孩,而且你明天要上學。」

可以這樣說

強調當哥哥的好處,說:「你能夠做一些事情,像是去看電影和吃披薩。」

採取「回應─能力」

決定爾後手足爭競是否會是個議題的問題點不在於:當你抱著新生兒回家時大孩子如何的反應;而會是在每一天的基礎上,你如何對這兩個孩子做回應最為重要。你不只是把你所有的精力花在替你的大孩子會有一個弟弟妹妹而做心理建設,你自己也要花些時間做好心理準備來面對改變。你想新生兒會如何改變你的生活?你最大的恐懼是什麼?當新生兒出生後,小心注意你傳送給你大孩子的訊息。要體認到去問的問題並不是:「我的孩子調適得如何?」而是要問:「我對撫養兩個(三個等等)孩子的挑戰調適得如何?」使用三個 R 來幫助你了解孩子的需要並且據以做反應,如此一來整個家庭將會變得更快樂,情緒更健康。

徹底思考 THINK IT THROUGH

重新建構

評估狀況:「我如何處理因為另外一個孩子的到來所產生錯綜複雜的事物?」

反思

分別寫一封信給你的每個孩子們,讓他們知道在這個家庭裡他們的獨特地位。

親愛的＿＿＿＿＿＿＿＿＿＿＿＿＿＿＿＿＿＿＿＿＿＿＿＿＿＿

＿＿＿＿＿＿＿＿＿＿＿＿＿＿＿＿＿＿＿＿＿＿＿＿＿＿＿＿＿＿

＿＿＿＿＿＿＿＿＿＿＿＿＿＿＿＿＿＿＿＿＿＿＿＿＿＿＿＿＿＿

＿＿＿＿＿＿＿＿＿＿＿＿＿＿＿＿＿＿＿＿＿＿＿＿＿＿＿＿＿＿

＿＿＿＿＿＿＿＿＿＿＿＿＿＿＿＿＿＿＿＿＿＿＿＿＿＿＿＿＿＿

＿＿＿＿＿＿＿＿＿＿＿＿＿＿＿＿＿＿＿＿＿＿＿＿＿＿＿＿＿＿

解決

寫下一段任務陳述,在手足關係上,你教養的目標是:

＿＿＿＿＿＿＿＿＿＿＿＿＿＿＿＿＿＿＿＿＿＿＿＿＿＿＿＿＿＿

＿＿＿＿＿＿＿＿＿＿＿＿＿＿＿＿＿＿＿＿＿＿＿＿＿＿＿＿＿＿

＿＿＿＿＿＿＿＿＿＿＿＿＿＿＿＿＿＿＿＿＿＿＿＿＿＿＿＿＿＿

嫉妒
(*Jealousy*)
不再眼紅

五歲大的 Rachel 發現當她去上學的時候，她的小妹妹卻待在家裡，她抱怨著：「為什麼 Kayla 可以待在家裡？真是不公平，你把所有的時間都花在陪 Kayla。」你應該說些什麼或做些什麼呢？以下三個 R 可以幫助你去面對問題。

徹底思考 THINK IT THROUGH

重新建構

「我如何處理我孩子有嫉妒的傾向？」

反思

使用 S-T-O-P 的頭字語來幫助你聚焦在你的行為上。

1. 看見：在你的腦海裡重新播放會導致你憂煩的情境，仔細觀察你和女兒之間的回饋循環。

---

2. 思考：你的想法如何影響你的回應方式？你無法了解喜歡上學的女兒在抱怨什麼。

---

3. *觀察*：退一步並且注意你的身體語言、說話語調和臉部表情。在這個部分並沒有問題——你是溫暖且慈愛的。

4. *組合*：你的心理和情緒因素如何影響了你的直覺反應？你覺得很愧疚，可能你沒有給女兒足夠的關注，或者無論如何對她而言已經足夠了。

解決

・使用下面的說法來作為一個與孩子連結的機會：「有時候當一個大姊姊是很不容易的，但是也有一些好處，例如：晚上你可以晚一點再去睡覺。」

・讓孩子知道感覺到嫉妒是沒關係的，藉由如此說來表達你的感同身受：「有時候我也會感到嫉妒。」

・你計畫要小心注意你自己是否（在不知情的情況下）把較大的孩子派到後面去當背景，而這樣的做法會讓她有理由感覺到嫉妒。

🧑建議：你在孩子的手足關係上有很強大的影響力，要有智慧的使用這個力量。

抱怨
（*Kvetching*）
如何教養出懂得感激的孩童

抱怨、抱怨、抱怨……無論你再怎麼努力，有些孩童永遠不會停止抱怨。現今甚多的兒童成長經歷使其相信：無論何時何地，這是我的權利去獲得我所要的東西。事實上，現今的消費型社會教導我們的兒童重視物質勝於人。當六歲的 Helen 抱怨她的生日蛋糕：「我希望有個巧克力蛋糕」時，她的父母感到很失望，然後她又發現娛興節目有瑕疵：「為什麼你們不請一位魔術師來？」──最後引爆點是，她對父母發脾氣說：「我都沒有得到我想要的禮物。」這對父母要如何幫助 Helen 變得更為感恩、尊重他人並懂得感激？

徹底思考 THINK IT THROUGH

重新建構

問你自己：「我如何影響孩子產生抱怨的傾向？」

反思

- 有禮貌會教導兒童去重視別人為他們所做之事。你有立下一個優良典範嗎？
- 小孩抱怨的結果是什麼？

・為什麼你用這樣的方式來回應小孩的抱怨？

_____

解決

想出可以引導小孩的抱怨的回應方式。例如：「Helen，我希望你說的是：謝謝你們為我辦了一個好玩的派對。」

_____

🔲特別注意：不要忘記去感謝小孩每天所做的好事，單憑她是你孩子的事實，就要表達感激。

謊言、小謊、欺騙
(*Lies, Fibs, Deceptions*)
教養出誠實小孩的祕訣

五歲的 Katie 語帶保證的說：「我刷好牙了。」然而當爸爸走進浴室檢查，發現她的牙刷是乾的。

六歲的 Mark 說：「我功課做完了。」但為何他回家時，仍然帶回老師寄的作業未完成通知單？

我家的三個小孩均堅稱：「我沒有打翻果汁。」然而我確知其中有人把果汁灑出來。對學步兒與學齡前的兒童而言，其現實與希望的思維間存在著模糊的界限。有時他們極度地想要某件東西，以致他們堅信著這一點。例如，Lilly 問他四歲兒子 Tom：「為何玩耍後回家，會帶回別人的玩具？」湯姆答稱：「Leo 說我可以借來玩。」次日，當 Lilly 歸還玩具時，發現 Leo 整個上午都在找這個玩具，Lilly 的窘態可想而知。亂編故事是另一種形式的謊言，在上述年齡層是很普遍的。昨天，在我的候診室，我聽到三歲半的 David 告訴另一位孩童說我剛剛替他打針，他宣稱：「我沒有哭。」我不得不大笑，因為我不僅沒幫 David 打針，而且也沒有忘記上回發生的事：我的護士必須在門診間追逐他兩次，才能打完疫苗注射。

年齡較大的孩童說謊，以避免處罰、取悅父母及解決問題。例如，六歲的 Jeremy 告訴他的父母說：「我保證，我班上所有的男同學都被叫到校長室，但是我平安無事。」然而，隔天校長卻召開會議，討論 Jeremy 的行為。

☀ 誠實是最好的策略嗎？

　　成年人在每日的生活中說過許多善意的謊言，而給人一種印象：用扯謊來克服問題是可被接受的方式。假如你像我所知道的其他父母，當你專注此事時，你也會發現，你所說過的善意謊言比你所能想像的多得多。

兒童眼中的善意謊言

假如你這樣做……
你的女兒不想接某人電話，因此你為她扯謊，說她現在不在家。

她學會此招……
可對朋友扯謊。

　　　　　　　＊　＊　＊

假如你這樣做……
你的女兒未完成作業，因此你告訴老師說那是因為她生病了。

她學會此招……
說謊能解決問題。

　　　　　　　＊　＊　＊

假如你這樣做……
你的孩子吵著要喝汽水，你沒有說「不可以」，但是你將所有的汽水藏起來假裝已經喝完了。

她學會此招……
他們學到無法再信任你。

善意的謊言可以接受嗎？我認為善意的謊言僅有在這個情況下不是
一個壞點子：當孩子收到禮物時，即使內心不喜歡，他臉上仍擠出
歡喜的表情。

☀ 要做些什麼？

不要因為一點小過錯就為你的小孩貼上說謊者的標籤、使用嚴苛的語詞，
或懲罰她。如果你懲罰過重，很可能她日後會用說謊來規避處罰。相反的，
要因她的勇於認錯而稱讚她。我永遠不會忘記在我年幼時，弄壞了一串母親
心愛的珠鍊。母親不允許我碰她的首飾，但在某晚雙親出外用餐時，我禁不
住誘惑，在玩賞她的珠寶不久後，繩線斷裂而珍珠散落四處，雖然我嚇得不
敢告訴母親，但實在無計可施只好從實招來。我不會忘記她的反應：她很高
興我誠實以對。隔天母親將珠鍊重新穿線，不久之後她把項鍊送給我。迄今，
每回我戴上項鍊時，就想起她的睿智。

稱許誠實 我們在家中有一個政策：如果孩子們對於他們的錯誤誠實承
認，我不會責罰他們。鼓勵誠實的最好方式，是使小孩無後顧之憂地說出真
相。假如你已知道答案時，勿再用詢問的方式引發謊言。假使知道你的三歲
小孩沒有刷牙，不要再詢問；相反地，應該說：「我看到你還沒刷牙，請立
刻去刷。」

不要稱呼孩子是說謊者 如果你那麼做，他將不會有動力去告知真相，
因為他說謊是符合你的期待。

當你的孩子自認說實話時，假如你處罰他、發怒或者碎碎唸來回
應，你會促使他在未來扯謊。當他告知真相時，切勿處罰，教導你
的孩子，誠實為上策。

全面的接納 給予孩子無條件的愛與接納。當孩子們感覺被真心接納時，他們比較不需要潤飾言行。

承認你的錯誤 以行動落實你的言論。假如你對孩子的言行過度反應了，低頭向她道歉。此事會教導她，我們都會犯錯，以及示範了如何在不歸咎於他人或找理由的情況下認錯。

假如你的孩子說謊

不要這麼做

對他說：「你是騙子。」

請這樣做

認清真相且往前進。

* * *

不要這麼做

把你的孩子關進他的房間隔離，以作為處罰。

請這樣做

尋找解決方法，而不是尋找過錯，「我看到你的牛奶灑出來了，請把它清理乾淨。」

* * *

不要這麼做

對你的孩子說：「假如你繼續說謊，總有一天會被關進監牢裡。」

請這樣做

引導你的孩子：「你們有人將這裡弄得亂七八糟，不論是誰做的，

請你們清理乾淨。」

＊　＊　＊

不要這麼做

說：「我保證，假如你說出真相，就不會有麻煩。」

請這樣做

先思考，然後說：「下次，如果你被送到辦公室，我希望你會對我說實話。」

採取「回應—能力」

你如何對謊言做反應，將會影響孩子在未來說真話的意願。你可以接納孩子犯錯及助他改過自新，當你如此做，你將會有個不怕向你尋求幫助的誠實孩子。

徹底思考 THINK IT THROUGH

重新建構

暫停一下，想想此問題：「我如何影響孩子說謊的傾向？」

反思

分析是否孩子得到訊息，說出真相會讓他有麻煩。確切地想想，你做了什麼可能給予他錯誤的印象。

1. 當我的小孩說謊時，我說＿＿＿＿＿＿＿＿＿＿＿＿＿＿

＿＿＿＿＿＿＿＿＿＿＿＿＿＿＿＿＿＿＿＿＿＿＿＿

2. 這樣會教我的小孩＿＿＿＿＿＿＿＿＿＿＿＿＿＿＿＿＿
　＿＿＿＿＿＿＿＿＿＿＿＿＿＿＿＿＿＿＿＿＿＿＿＿＿

3. 我的什麼作為是有幫助的＿＿＿＿＿＿＿＿＿＿＿＿＿＿
　＿＿＿＿＿＿＿＿＿＿＿＿＿＿＿＿＿＿＿＿＿＿＿＿＿

4. 我的什麼作為是有傷害的＿＿＿＿＿＿＿＿＿＿＿＿＿＿
　＿＿＿＿＿＿＿＿＿＿＿＿＿＿＿＿＿＿＿＿＿＿＿＿＿

5. 我所憂慮的是＿＿＿＿＿＿＿＿＿＿＿＿＿＿＿＿＿＿＿
　＿＿＿＿＿＿＿＿＿＿＿＿＿＿＿＿＿＿＿＿＿＿＿＿＿

6. 我感覺＿＿＿＿＿＿＿＿＿＿＿＿＿＿＿＿＿＿＿＿＿＿
　＿＿＿＿＿＿＿＿＿＿＿＿＿＿＿＿＿＿＿＿＿＿＿＿＿

7. 我想＿＿＿＿＿＿＿＿＿＿＿＿＿＿＿＿＿＿＿＿＿＿＿
　＿＿＿＿＿＿＿＿＿＿＿＿＿＿＿＿＿＿＿＿＿＿＿＿＿

解決

教導你的小孩說出真相是安全的，以鼓勵誠實的表現。把你的洞察力付諸行動，設計出如何對未來的小謊與誇大不實做建設性的反應。

1. 你的五歲小孩答應要刷牙，但是他的牙刷是乾的。

　(1)你的立即反應是＿＿＿＿＿＿＿＿＿＿＿＿＿＿＿＿
　　＿＿＿＿＿＿＿＿＿＿＿＿＿＿＿＿＿＿＿＿＿＿＿＿

　(2)但你超乎這種反應並且＿＿＿＿＿＿＿＿＿＿＿＿＿
　　＿＿＿＿＿＿＿＿＿＿＿＿＿＿＿＿＿＿＿＿＿＿＿＿

2. 你的六歲孩子說，他沒有拿小嬰兒的玩具，但是玩具不見了，除了你，他是唯一在家的人。

　(1)你立即的反應是＿＿＿＿＿＿＿＿＿＿＿＿＿＿＿＿
　　＿＿＿＿＿＿＿＿＿＿＿＿＿＿＿＿＿＿＿＿＿＿＿＿

　(2)但你超乎這種反應並且說＿＿＿＿＿＿＿＿＿＿＿＿
　　＿＿＿＿＿＿＿＿＿＿＿＿＿＿＿＿＿＿＿＿＿＿＿＿

聆聽
(*Listening*)
什麼有用，什麼沒有用

⎯⎯▲ 十二歲的 Nancy 向我抱怨：「當我要求 Jacob 停止拉貓的尾巴時，他
⎯⎯▲ 並不理會我。當我警告他說：『假如你再這麼做，你就去一旁罰站。』
他假裝沒有聽見。當我再說：『你會喜歡我拉你的頭髮嗎？』他沒有回答我。
到底我該怎麼管教他？」

　　我認為不聽話是目前父母抱怨事項中的前幾名。成年人浪費許多精力設
法使他們的孩子聽話，但是他們常常弄錯了方向。讓我們看看這個問題，首
先看什麼是不可以做的。

　　不要大聲　你愈大聲，就愈會失去意義，你會感覺到失去控制的惡劣情
況，而孩子會感覺是他們在主導這場戲。我不是說孩子是有意地操縱，但無效
果的習性會產生無效果的態度。通常而言，當成年人已無計可施時就會大聲喊
叫，這或許可以解決目前的困境，但對於鼓勵較好的聆聽並無正面益處。

　　我鼓勵父母當他們變得太激動時，要讓他們自己從當下的情況中暫
停一下。這種暫停背後的想法是要給你的情緒一些放鬆的時刻，而
且這也能讓你獲得若干透澈的看法，並控制你的行動與言詞。這個
說法聽起來很耳熟吧！我敦促父母親能熟知他們早期的預警信號，
且學習在情緒飛奔前讓自己暫停一下。如此，你能避免做出稍後會
後悔的行為。

不要與你的孩子做交易或賄賂他們　如果你問我：什麼是我認為最糟的教養錯誤之一？我會說是「賄賂小孩以得到合作」。當我們賄賂小孩以得到合作時，他們會學習到去思考：「是的，我是應該要合作？還是要要求更多？」不久成年人發現他們自己只掌握支配到那一分少許的合作。

不要不停地嘮叨　當孩子們感覺很煩時，很快地就會變成父母面前的聾子（對父母的話聽而不聞）。

不要威脅，特別是空泛的威脅　孩子們學到了大部分的威脅從不會發生，因此他們可以不理會這些威脅。

不要依賴懲罰性的方法　責打、暫停、懲罰以及大聲吼叫並不能幫助促進好的聆聽方式。相反地，這些最後會造成憤怒、敵對、權力爭鬥以及更大的問題。

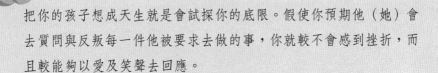

把你的孩子想成天生就是會試探你的底限。假使你預期他（她）會去質問與反叛每一件他被要求去做的事，你就較不會感到挫折，而且較能夠以愛及笑聲去回應。

☀ 「不要讓我再次要求你」

問題的根本在於：孩子們不聽話是因為我們允許他們不聽。假如你要求孩子去做某些事，然後就走開，那你就是在容讓她不理會你。實際上，你正在說：「我要你聽話，雖然我很清楚的知道你不會（聽）。」與其發出警告——左耳進，右耳出——不如要求你的孩子去做某些事，然後在那裡等著，直到他們做完為止。需要教孩子們學會聽話，但他們不聽時，不是大聲吼叫就可以解決。避免權力爭鬥，幫助你的孩子去做你要求去做的事，然後逐漸不需要你的幫助。

聆聽的 A、B、C 與 D

我向你保證，一旦你很清楚地表達「忽視你」並不是一個選項時，你的孩子們將不再選擇性的聽話。

· 用非玩笑的語調要求 (**A**sk) 他。

· 要 (**B**e) 說得清楚、明確。

· 將你的要求用六個字溝通 (**C**ommunicate) 完。

· 不要 (**D**on't) 讓不聽話成為一個選項。

積極主動 例如，每天送小孩上學需要花費一番工夫的話，那麼就給你自己在早晨多點額外的時間。你愈冷靜就愈容易溫和地指導小孩，使他成為較好的聆聽者。

設定界限 當父母沒有設定足夠的界限，學步兒會感覺超出控制與未被保護。倘若無「停車」的標示，想想可能存在的混亂與失序，每一個角落都會是危險區。你應該停車、前進，還是減速？設限能讓世界安全，且讓我們無不良後果的自由行動，這同樣也適用於為孩子設限。

建立慣例 孩子對於常規反應會很好，而且沒有反叛地遵從常規的規則，他們也從可預期性與重複性中受益。假使你總以同樣的順序做相同的事，孩子會認為：「是的，我已刷好牙，這也意味著現在該洗臉了，然後就是上床睡覺的時間，晚安。」

試著製作一張海報，寫下孩子應遵守常規的每個步驟。假使你的小孩有違抗，就叫他去看海報。當這個標示變得具有權威性時，孩子就較不會去反抗它。

許多孩子確實不知道「不就是不」（No means no），我們常不小心因為屈服了而造成困擾，這也傳達出堅持是值得的。假如這聽起來很耳熟，問你自己：「為什麼我很難對我的孩子堅持或是說不？」

　　符合現實的期待　假如你要求孩子去做的事是不合理的,孩子聽不進去好像是自然的結果。父母們以為自己是符合現實的,實際上並非如此。在第二次要求你的孩子某些事之前,問問你自己:「我有符合現實嗎?」例如,當你正和你的醫師談話時,你不該期望你四歲的孩子會無事可做地安靜坐好,如此的要求最後可能會導致爭鬥與挫折。

　　應該要直言　要小心模糊的訊息。以下有些父母試圖使用隱藏在話語背後的意思,卻不直言表達的例子:

混雜的訊息

「你稍後才能玩那個玩具,但不是現在。」

清楚的訊息

「現在就把玩具拿開。」

* 　* 　*

混雜的訊息

「假如你現在不吵不鬧的離開,我們明天就去游泳。」

清楚的訊息

「現在該走了。」

* 　* 　*

混雜的訊息

「假如你再拉貓的尾巴,我就拉你的頭髮,讓你知道感覺如何。」

清楚的訊息

「請停止拉貓的尾巴。」

「讀我的唇」

教導好的聽話習慣，你必須與你的孩子以一種不讓他們關上耳朵或鼓勵他們轉到你的收音頻道的方式來對話。下面的戰術會幫助你冷靜與有效地溝通，此是教導孩子聆聽的一個關鍵要素。

當許多父母要求他的小孩去做某些事時，給予詳細的解釋及合理的理由就變成壓力的來源。孩童因此學到利用問問題來拖延時間。「為什麼我現在就要去睡覺？」「為什麼Janice就可以不用現在去睡覺？」「睡覺是什麼？」想想去回答這些問題需要多少精力。此類做法最糟糕的部分是：當你最後堅定立場並拒絕再回答更多的問題時，大多數的兒童已採取同樣的抵制態度。我給你的建議是：維持你的指令不超過六個字句。

當你給孩子一個明確的指令，他較有可能去聽從。與其說：「清理你的房間。」不如明確告訴他什麼是你要他去做的：「掛好放在地板上的衣服，然後將蠟筆放在盒子中。」不要使用問句去要求你的孩子做某些事，例如：「請你現在穿好你的鞋子可以嗎？」這像是在邀請孩童回答：「不，不可以。我正忙著看我最喜愛的卡通，你等一下再來，我會讓你知道我是否有空。」重新組織你要求的語句形式，例如：「請現在就去穿好你的鞋。」

牙牙學語的兒童們需要被示範你要他們做什麼。假如你要學步兒學會收拾他的玩具，不妨蹲下與他一起收拾；把玩具交給你的小孩，要求他想出要放在何處；比賽看誰能收拾最多的玩具；或者單純地以一個團隊的方式將玩具收好。假如你的小孩拒絕幫忙，當你收拾部分玩具時，把他抱在臂彎，在你做完時，謝謝他的幫忙，你的孩子遲早會幫助你的。

確定在你講話前獲得孩子全部的注意力，或者在你要求他做事前問他有沒有仔細聽。最後，要記著必須尊重。如果你要你的孩子做某些事，但他說：「可不可以等我堆完這些積木後再去？」在你迅速反應「現在就去做」之前，試著從他的觀點看看情況。假如你能尊重他的要求，就這麼做，因為這會教他兩項重要的啟示：（1）孩子的需要是被重視的；以及（2）妥協是有價值

的解決問題方式。

☼ 注意聽

　　你大喊：「睡覺時間到了。」但你的孩子裝作沒有聽見。其中一個正在玩電腦，另一個在看電視，而最小的則在抱怨：「現在睡覺太早了。」你提高音量，並發出警告：「立刻去睡覺，不然就要小心點了！」你的孩子仍然動也不動，你將如何處置這個情況？

不要這麼做

給最後的警告。

「假使你現在不立刻去睡覺，你就一個禮拜不能看電視。」

請這樣做

停止給予警告，等待直到每一個孩子已經完成他們被要求去做的事之後再離開。

「好了，寶貝我們走吧，關掉電視，選一個床邊故事。」

* * *

不要這麼做

大發雷霆並叫你的丈夫把孩子送上床。

「你去叫他們上床睡覺，他們不聽我的話。」

請這樣做

給予告誡。

「現在離睡覺時間有十分鐘，當時鐘指向七點三十分時，來叫我去幫你們把被子蓋好。」

* * *

不要這麼做

因為他們拒絕上床睡覺,就讓你的小孩睡在長沙發上。

「好吧,隨便你想睡在哪裡。」

請這樣做

給他們聽話的動機。

「看看在我數到十之前,你能不能把睡衣換好。」

在「不聽話」的活動中,父母與子女都有份。在方程式的一邊是孩童選擇性的聽,在另一邊則是以允許此事會發生來增強此行為的父母。了解了這個部分,你將會知道你需要有什麼不同的做法來解決這個問題。

採取「回應─能力」

所有的父母都希望他們的孩子聽話。但是為什麼很多人沒有體認到,我們可能在沒有留意的情況下教導了孩子忽視我們。在你企圖能有些影響前,你需要正確地了解你所遭遇的種種問題。你給予太多的命令嗎?你提出了空泛的威脅嗎?你給孩子們機會使他們不理會你嗎?你是否忙於期待孩子們改變,而非改變你自己呢?利用聆聽的 A、B、C 與 D 及三個 R 去幫助體認你所需要努力的改變,以及提出一項計畫將你新發現的見解付諸行動。

徹底思考 THINK IT THROUGH

重新建構

由問你自己開始：「我以何種方式允許或者助長我的孩子不聽我的話？」

反思

• 你做了（或沒有做）什麼而給你的孩子一種他可以不理會你的印象？

　1. 你給予命令後便轉身走開？　☐是　☐否

　2. 你訓誡孩子，因他不聽你的話？　☐是　☐否

　3. 你曾經懷疑是否孩子有聽力的問題？　☐是　☐否

　4. 孩子不理會你，除非你大聲喊叫？　☐是　☐否

　5. 為了不聽話，你處罰你的孩子？　☐是　☐否

　6. 你威脅孩子假如他不聽話，將會發生什麼事？　☐是　☐否

　7. 你賄賂孩子要聽話？　☐是　☐否

　8. 你需要重複自己的話超過三次？　☐是　☐否

• 計算「是」的答案有幾個。

　0-3：你的小孩多數的時間有在聽話。

　3-5：你大致能控制局面，但予以精細的調整是必要的。

　5 或以上：你的小孩是不聽話的，重新思考你處理問題的方式。

解決

• 你的孩子並不會單單只因你的期望，而變成一位較好的聆聽者。你有什麼不同的做法，可促進不同的反應？

_____

_____

・你告訴你四歲的孩子停止玩遙控器，他完全不理會你。

　　1.你直覺的反應是

　　_____

　　_____

　　2.但你暫停，思考，然後說

　　_____

　　_____

・你要求你的兒子關掉電視，他並未理會。你再說一次，你的孩子
　依然裝作沒聽見。

　　1.你直覺的反應是

　　_____

　　_____

　　2.但你暫停，思考，然後說

　　_____

　　_____

　特別注意：描述你所需要用以改變情況的不同做法。

醫藥

(*Medicine*)

當你的小孩拒絕時，該如何做

· · · · · · · · ·

你曾經試圖餵孩子吃藥，但他們拒絕開口服用？或者試著讓你的小孩使用吸入器，他們卻不肯乖乖坐好？點眼藥水的時候又是如何呢？這些情況對於即使是最有經驗的父母們都是一種挑戰。你如何給一位侷促不安的孩子擦藥膏呢？Jill 的第二個孩子 Charlie 在六歲生日時被診斷出喉嚨感染，Jill 離開醫生的診斷室時拿了一個處方，指示要讓 Charlie 服用一匙的抗生素，每日三次。只要 Charlie 照處方服藥，他的生日派對就能按計畫舉行。但問題來了，Charlie 拒絕服藥，他抱怨說：「它的味道很苦。」沒有其他的方法可以說服他吃藥。

為什麼孩子們會拒絕服藥

· 高糖漿的含量令許多孩子不舒服。

· 學語前的孩子無法了解醫藥的觀念。

· 三至四歲的孩子正在試他新發現的獨立感。

· 較年長的孩子可能是為了違抗規則。

「一匙糖幫助苦藥下肚」

以下的竅門被用在數以千計曾感到氣餒的父母身上，現在他們的孩子認為有必要時，已經願意服藥。

- 一位有創意的母親 Janice，也是創意糕餅師，她與我分享這一項策略。她的三歲女兒 Sky 很喜歡邦尼兔（Barney）。她睡覺時緊抱著邦尼枕頭，走路或跳舞時披上邦尼毯子，並將她的玩具放在邦尼的背袋中。大約一個月前，Sky 因發燒而臥病在床，需要服用抗生素。在與她的藥劑師討論服藥的觀念後，Sky 的母親加了紫色的食物於抗生素中，猜猜看發生了什麼事？Sky 有史以來第一次大口吞嚥「邦尼藥品」，而未上演爭鬥。

- 冰棒（Popsicle）可以在服藥前後幫助藥物（甚至最烈的藥物）降低難服的成分。有些父母聲稱，大口吞嚥鬆餅用的糖漿是掩蓋藥的味道最有效的辦法，因為糖漿會覆蓋舌頭及味蕾，就會產生較好的味道。你也可以試著用一匙巧克力的糖漿當作補償物。

- 先用水將湯匙潤濕，液體藥品將會很快且平滑地滑入口中。

- 把藥品藏在一匙的食物中服用，如此會減輕它的味道。如果小量藥品藏在數匙的食物中，味道將更不易分辨出來。但如此做之前，應與你的藥劑師商量，因有些藥品必須在空胃時服用。

- 以噴入方式將藥品噴入小孩嘴邊較厚的部位，繞過他口中能感覺味道的部分。

當你的小孩拒絕服藥時

它可能意指……

我並不餓。

它不代表

我用難搞的態度來應付你。

* * *

它可能意指……

我討厭這種味道。

它不代表

我才是老大。

* * *

它可能意指……

我被攪亂了。

它不代表

我正試圖激怒你。

* * *

它可能意指……

我的肚子感覺不舒服。

它不代表

我討厭藥品。

* * *

它可能意指……

我已經累了。

它不代表……

我要讓你擔心。

* * *

它可能意指……

我不了解。

它不代表

我要讓你生氣。

- 買一個藥物分配器。有一些設計精巧的奶嘴式分配器，可將藥物少量噴出。這些在網路上可以購得，也可以在藥房與嬰幼兒用品供應店買到。注射式藥物分配器在大多數藥房中可以買到（參見第 294 頁「參考資源」）。

- 假如我允許孩子自己去量藥物的量，他就會很願意服藥，同時我也要求他們提醒我下次服藥的時間。

- Jackie 是一對五歲大雙胞胎男孩的母親，她讓小孩在浴室洗澡時服用藥物。「孩子們正在玩浴室的玩具而分神，他們因為洗澡而滿足。萬一把藥物吐出來的話，肥皂與水均在伸手可及的範圍內。」

- 對具有超高抗拒力的孩童，可試著找一位藥劑師商量是否能改變藥物的味道，或將藥物改成另一種型態。我就找到一位願意為我的病人這樣處理的藥劑師，他能夠將抗生素做成棒棒糖的形狀，或是看起來且吃起來像小熊軟糖。詢問你的醫師，看看他是否知道在你居住的地區有這樣的藥劑師。

- 如果你的小孩無法長時間安靜站著，讓你幫他塗抹藥膏，你可以試著運用油漆刷子或海綿來幫他塗抹藥膏，因為大多數小孩都喜歡人體彩繪。

- 使用吸入器對你們而言是個問題嗎？試試對著一面鏡子，或者讓你的小孩坐在電視前看他最喜愛的節目。昨天在辦公室我看到一位母親用吹喇叭遊戲進行：她將噴入器和面罩偽裝成一個兒童玩耍的樂器。當所有的方法均告失敗時，將你的小孩包在毛毯裡，並給他一個「擁抱與吻」──以毛毯擁抱小孩，而吸入器是一個吻。讓你的小孩裝飾他的吸入器，以使它變得較讓孩子覺得友善。

- 如何點眼藥水？要求你的小孩躺下、閉上眼睛，然後將藥水滴在眼睛最接近鼻子的角落。隨後讓孩子張開眼睛，藥就會流入。加進躲貓貓的遊戲，你就會進行順利或穩操勝算。

- 這裡有個巧妙（且有效率）的戰略可以讓小孩子吞下藥丸：要求她把藥丸放在舌尖，然後給她喝一罐附有吸管的飲料，大多數的小孩會沒有差錯地吞下藥丸。

假如你的小孩抗拒服藥

· 問你的醫師依什麼處方開立藥物，因具有充分的資訊，你更容易堅持。

· 保持冷靜，這樣會提高信心並幫助小孩放鬆。

· 體認你的小孩並不是故意要讓你為難。

尊重的回應　當父母正在為孩子們服藥的問題而纏鬥時，他們會時常順此想到：「你為什麼對我做這種事？」他們對孩子行為的解釋可能認為這是一種個人羞辱，而且從他個人自己的角度去看此一問題：「我沒有時間去做這些無聊的事。」或「我沒有心情去搞這些孩子氣的事。」父母可能過於同理而將他們的情緒投射在這樣的情況當中：「可憐的小 Timmy，他很害怕。」記住，你的小孩也是獨立的個人，也會有他自己的恐懼與焦慮。把你的孩子視為問題的擁有者，你應給他應得的尊重與所需的鼓勵。一開始就告訴孩子（即使在學語前），他為什麼需要藥物及藥物能夠如何幫助他。假定在某種程度上他會了解，就算不是因為話語，但至少是因為你的用意。

徹底思考 THINK IT THROUGH

重新建構

坦誠地面對你自己，並問：「我如何處理小孩抗拒服藥的情況？」

反思

· 當你與孩子為服藥而爭吵時，描述是如何發生的。

_____

_____

_____

· 現在從孩子的觀點寫一個同樣的劇情說明，宛如孩子正在告訴你
這個故事。

_____

_____

_____

解決

· 我如何能夠改變小孩抗拒的情況？

_____

_____

· 根據我所知道有關小孩的特性，什麼方法會是最有用的？

_____

_____

建議：假使你無法一次就解決問題，也不要放棄。你可以預期你
的孩子至少要經過八次的嘗試，才可能會不吵鬧地將藥物服下。

特別注意：實際上，有些孩童將會抗拒服藥，不論事件如何以及
在何種情況下，溫柔且堅定地對待問題是最好的方法。

髒亂的臥室

(*Messy Bedrooms*)

少點髒亂，少點壓力

‧‧‧‧‧‧‧‧

「我向來對我兒子髒亂的房間大驚小怪。」我最好的朋友回憶著告訴我：
「我們幾乎每天都會為此而鬥嘴，後來他長大了，到另外一省上大學，
畢業後在外地工作，並移居到另外一個城市。現在他的臥房一塵不染，只要
一走過他的臥房我都覺得了無遺憾了。」

對事件抱持展望是有幫助的，但它並不能解決問題。不得不承認，我同
樣也曾常常和孩子辯論、爭吵與爭鬥有關孩子們的髒亂。假如沒有數年前我
所想到的「清潔管理原則」，我或許仍在與孩子們爭鬥，這些原則幫助我感覺
不那麼挫折，也減少對整個事件所感到的壓力，其他的父母也有類似的結果。

我的小孩與我不再為他們的臥房爭執，因為我已經有所改變，在吵吵鬧
鬧沒有什麼好結果後，我體認到基本上我有兩樣選擇：繼續無用地大叫大嚷；
或者我能利用浪費在挫折上的精力，將它投資在解決問題上。而我選擇後者。

假設你的小孩有把衣服四處亂丟的習慣，不要浪費精力在生氣上，寧願
把它用在制訂出一套戰略，以幫助孩子學習自己如何去收拾凌亂的東西。和
孩子坐下談談，並告訴她從現在開始每天早晨將地板上的衣服收好並歸位。
不要恐嚇她，假如她不聽的話會發生什麼事，只要每天早晨盡可能的提醒她。
盡你一份的努力並沒錯，直到孩子變得較為負責，你就漸漸能減少干涉。雖
然有些孩子天生比別人有條不紊與愛乾淨，但所有的孩子都該對他們造成的
髒亂負一些責任。

> 一位較有想像力的孩子可能製造出更多的髒亂，需要用更多組織力與清掃來予以協助。

在你涉入及試圖解決問題前，退後一步並仔細想想：

1. 這個畫面有什麼問題嗎？看看這個凌亂的房間是如何擺設的，決定此是否有助於恢復次序。房間的擺設是否讓孩子容易收納在房間內玩的物品？你能藉由重新擺設孩子的房間來促進孩子收拾物品嗎？

2. 你孩子內在的人格因素如何？例如：我的女兒 Marissa 很有創造力，她時常有好幾個計畫同時在進行；我的兒子 Max 不喜歡把任何東西丟掉；四個孩子中最小的 Madison 則是受到太多的協助與寵愛。Marissa、Max 與 Madison，每一個孩子都需要不同的策略來讓他們變得更有組織。Marissa 需要更多的空間，以便收存進行中的計畫方案，她也要比較早停止她的活動，以便有整理的時間。Max 需要幫他丟棄他過去所蒐集的一些無用的物品。Madison 則需要我不再把她當成小娃娃看待。當你了解問題相關的物理與心理因素時，會更容易幫助孩子變得更有組織能力。

☀ 記得……

要明確　精確地告訴你的小孩，什麼是你要他去做的，不要說：「整理你的房間。」而是說：「把丟在地板上的衣服收好。」

要實際　不要期待你對小孩一聲令下，然後再回來看時他就已經做好了。假如你平心靜氣的面對事情不會如此成就的事實，你就不會感到那麼挫折。

要有耐心　以孩童的步伐為思考的準則，假如你的小孩沒有被過度的期望所壓迫，他會發現比較容易打破負面的習慣。把重點一次集中在一個改變上，從最讓你困擾的地方開始著手，然後當你的小孩在這方面可以應付自如時，再往下一步前進。

要在那裡　我要事先提醒你，你需要進出你小孩的房間，讓他們一切按

部就班，助其一臂之力並指導他。孩子愈年幼，你的涉入就會愈多。

要少一點慷慨　雖然你是好意，假如你給你的小孩買太多的玩具、畫筆以及其他的物品，你可能會造成問題。假如真是這種情形，那就篩選掉一些玩具，或把它捐助給附近的兒童醫院。

要有組織　對較大的孩童，固定週日早晨是打掃時間的慣例：沒有例外，每一位家庭成員都應該花一小時的時間，整理與加強房間的清潔。在心理上，當大家一起做時，會比較容易完成。

要聰明一點　不要讓房間議題變成權力爭鬥，因為你的小孩會讓他髒亂的房間維持原狀，只為了要「贏」。

要樂意　讓你的小孩（即使是年紀小的孩子）參與裝飾她的房間，這樣會鼓勵她有責任感，並以她的房間為傲。

採取「回應─能力」

儘管我孩子們的臥房可能不是完美的，仍然需要提醒他們自己去整理，大人互動的語調應具建設性與關愛。我不能承諾你完美的成果，但我保證你一定不會全然失望！

徹底思考 THINK IT THROUGH

重新建構
問：「我能如何幫助孩子對家事變得更負責任且有組織力？」

反思
與清掃議題有關的因果關係為何？

_____

_____

需要改變什麼？

_____

_____

解決

你是家裡的執行長，擬訂一個鼓勵家人為家裡資產負責的計畫。

_____

_____

_____

惡夢與夜間驚恐
(*Nightmares and Night Terrors*)
沒有爭鬥的把事情做對

「當我的長子 Alec 剛滿四歲時，就開始做惡夢。」一位在城裡的餐廳擔任經理的 Tom 回憶說：「完全出於意料！Alec 開始在半夜醒來，並衝入我們的臥房尖叫：『我做了一個非常非常可怕的惡夢！』」

惡夢的發生是因為日常生活問題對情緒造成的衝擊，偶然的惡夢並不需特別的關注；所有的孩子難免會做惡夢。然而七歲的年紀，絕大多數的孩子已經習知去控制他們的恐懼，也因此比較少會做惡夢了。

然而，常出現惡夢意味著有狀況。有時問題是很明顯的，諸如家族有了新的成員、日常照顧的改變、如廁訓練，或最近搬了家；但常常是不明的壓力來源所引起，因此要密切注意小孩所看的電視節目、錄影帶以及電影，問題本身最後將會自動呈現。

> 你知道嗎？孩子做惡夢的機率比成年人多了十倍！

「我什麼時候應該擔憂？」

惡夢有時是一種較嚴重的情緒問題徵兆。如果孩子的整體行為有任何嚴重的改變，或者他正在經歷情緒、社會或教育上的問題，立刻將你的問題與小兒科醫師討論(註)。其他值得憂慮的警示包括：超過七歲仍持續做惡夢，或者持續好幾個月經常做惡夢。假如你的小孩正經歷白天的恐懼或其他行為問

題，這是特別重要的。

☀️ 該做什麼？

當年幼的小孩做惡夢時，通常能夠以身體的擁抱、表現同情與再保證而得到慰藉。我建議你帶她回到她的房間，而非帶到你的房間，如此能幫助她在屬於她的空間感覺到安全。

不要讓恐懼變成陷阱

假使你習慣性的陪著你的小孩躺下直到他睡著，那他甚至經年累月都會期待你這麼做。

你不需要急於衝入檢查每一個櫃櫥、床下以及掩蔽物後方，好讓你的小孩得到安心的保證。事實上若把恐懼當成真的，那你可能送出的訊息就是真的有怪獸。取而代之的是，讓孩子知道你會在那裡保護他；以一種堅定與愛的方式，幫助他感覺安全與安定。相信孩子自己的力量，你將會鼓勵她去相信她自己。

在白天處理任何會引起小孩憂慮的問題，以使他安心。我要求小孩運用積極的想像力去幫助他們征服恐懼，假使小孩在惡夢中夢見鬼怪，我就告訴他要想出方法如何去戰勝鬼怪，愈特殊愈好。

當小孩經常做惡夢時，事先應有所計畫。在上床後要求你的小孩挑一個她喜歡的回憶，並要她假如半夜醒來就想想這個回憶，說：「假如你在夜裡醒來時，我要你想想在海灘玩耍（或相同的安靜地方），然後閉上你的眼睛，再回到睡眠中。」鼓勵孩子有一個所謂轉銜物品，像是毛毯與填充玩偶，能提供慰藉與支持。這個轉銜物品的好處是：它提供恢復自信與在緊張時可以

註：例如，過去一直是很熱情的兒童開始對上學有抱怨或爭論不休，容易哭泣、埋怨肚子痛或頭痛，以及對課外活動失去興趣，其實是他用所知道的唯一方式正在告訴你──有些事「不對勁」了。

得到連結之源頭。

最後，知道什麼時候該畫清界線，小心恐懼變成孩子尋求夜間注意力的藉口。當你的孩子需要自信與支持時，你在他身邊，而不是讓「我驚嚇時」的真正意義為「我喜歡你陪我躺下直到我睡著」。在此情況，我會說：「我知道你害怕，但我知道你是一位堅強的小孩，你能處理它，我十分鐘後再來看看你如何了？」

對於應付惡夢的睡眠問題，有很多不同但一樣有效的哲學。所以，假如你正在使用的方法對你而言是有效的，那麼就沒有理由去改變它。

☼ 夜間驚恐──「Max 怎麼了？」

在我們搬進新房子不久後，五歲大的 Max 開始出現夜間驚恐。他經常在半夜驚醒而尖叫；他的眼睛張開卻視而不見；他大聲尖叫且表現得激動。但當我試圖安慰他時，他就會變得更激烈。知道如何區分惡夢與夜間驚恐是必要的，因為這兩者最好能被分別處理，下面的圖表幫助你區分夜間驚恐與惡夢兩者的差異。

夜間驚恐與惡夢

夜間驚恐	惡夢
發生在剛入睡幾小時內	發生在夜晚快結束時
孩子沒有說做了惡夢	孩子說做了惡夢
孩子似乎不認識你	孩子毫不遲疑地認出你
孩子不讓你安慰他	孩子尋求安慰
當孩子哭喊時不完全清醒	孩子哭喊時完全清醒
哭喊聲可能聽起來很詭異	哭喊聲聽起來很熟悉
孩子行為奇特	孩子和平常表現很一致，但比較激動
孩子不能記起事件的發生	孩子知道做了一個不好的夢

夜間驚恐	惡夢
孩子在夜間驚恐時會哭喊	孩子在惡夢後對你呼叫
孩子重回入睡	孩子不願意再回到床上

「這是正常的嗎？」

有夜間驚恐的孩子會出現很激動與苦惱的樣子，但也很容易又重新入睡。在我遇見四歲的 Melinda 與她可愛的父母時，他們已有三次在半夜到醫院急診室，被三位不同的醫師診斷過。Melinda 並安排在次日做腹部的超音波檢查。「Melinda在她睡夢中被驚醒，衝向樓下，並喊叫說她肚子痛。」她的母親回憶：「我想她有可怕的胃病，但隔天早晨卻說她沒有感覺到不舒服。」Melinda的行為是夜間驚恐的結果所致，並不是肚子痛，但我怎麼知道？因為Melinda對於事件沒有記憶，此事有規律地發生，且她的父母描述她的行為是瘋狂的。

處理夜間驚恐最好的方法，是鼓勵小孩盡快回去睡覺，盡量不要介入，除非你的小孩是清醒的並且要求你陪伴。事後，你的小孩很快就會回去睡，且早晨醒來後對所發生的事沒有記憶。一旦對惡夢與夜間驚恐有較深入的了解，你就能夠以慰藉與再保證的態度來應對每個情況，並且能促成小孩子好的睡眠習慣。

採取「回應─能力」

雖然我們無法控制小孩所做的惡夢，但我們可控制小孩不良的習慣，其關鍵在於回應你小孩的需要而不是造成新的問題。

徹底思考 THINK IT THROUGH

重新建構

仔細想想:「我如何處理孩子的惡夢或夜間驚恐?我反應的方式會
造成或維持與睡覺有關的問題嗎?」

反思

· 評估當你小孩晚上有這類問題時你的反應方式。此反應方式如何
　幫助(或傷害)情勢?
_____

· 為什麼你用這樣的方式回應?
_____

· 我相信我的孩子是
_____

· 我用這樣的方式回應是因為我感到
_____

· 描述你的反應方式所造成的衝擊
_____

解決

· 明白地體認與接受處理問題並不是處理小孩,在未來我計畫要
_____

· 規劃出你如何執行這些目標的逐步策略。
_____

提示:思考如何使你自己斷絕所有沒有效用的習慣。

體重過重與潛在的問題
(*Overweight Kids and Underlying Issues*)
什麼有益，什麼有害

肥胖的小孩受到許多凌辱。假如你是體重過重小孩的父母，你就知道我的意思。被過分的嘲弄、言語攻擊、惡作劇、取外號以及受到排斥，是肥胖小孩痛苦的體驗。

有些父母對他們小孩的飲食習慣感到束手無策。就在昨天，Jill，一名體重超重五歲男孩的母親告訴我，她正計畫在冰箱門上裝一把鎖，因為她的兒子缺乏意志力。真感謝，幸好我能夠勸阻她不要那麼做。當我想到這些孩子所遭受到所有的嘲弄，我才明白他們為什麼不能容忍任何的批評，甚至不能容忍有些具有建設性的建議。我從不與孩子們直接討論體重的問題，假如父母有關於孩子肥胖的問題，我寧願與父母單獨談談。

> 有位家長老是認為他的小孩有體重過重的問題，但當我在成長圖表中畫上她的身高與體重時，我發現她的體重是正常的。看待肥胖問題的第一步就是：區分它是否真的存在。

在我擔任住院醫師期間，我的第二專科是青少年醫學，特別是以青少年的飲食障礙為焦點。在每一個個案中最讓我驚訝的是，對於一個孩子體重無心的評論就可以引發孩子節食。也因此我養成了避免在小孩子面前討論減重問題的習慣。我告訴父母的第一件事（即使是對體重超重孩童的父母）就是她不需要節食，但她需要有一個健康的飲食與運動習慣，然後我提議他們整

體地改變家庭的生活方式。事實上，我建議他們把它當成家庭任務。

三歲以下的兒童不要仿效任何的減肥計畫，為了他們的成長與腦部發展，適量的脂肪攝取是必需的。

從學步兒學得的經驗　我經常要求父母注意學步兒的飲食習慣──她餓了就吃，飽了就停。當一個好意的成年人決定他的小孩沒有吃夠，而會誘導她去吃盤中的所有食物，或是以填鴨般地餵她碗盤中所有剩下的食物，你想會發生什麼事？或者訓誡她吃更多蔬菜與水果？抑或在她玩耍時偷偷地塞進一些食物到她的口中？當一位初學步的小孩停止聽從她的身體並以吃來取悅她的父母時，她就成了肥胖的高危險群。這個故事的寓意是：你的學步兒小孩知道她自己需要吃多少比你知道的要多得多。

少就是多　使用一個尺寸較小的碟子去幫助減少份量。

肥胖與糖的領悟　學習以少油、少糖來烹調，這是能夠做到又不致明顯改變味道的方法。

運用常識　很顯然，假如食品櫃裡充滿了垃圾食物，想要有健康的選擇是比較困難的。因此，要在你的食品櫃中增加健康食品並減少甜食。藉著在蔬菜上撒點彩色的糖霜以鼓勵你的小孩吃蔬菜，所加的卡路里有限，但所獲的好處是極有意義的。

給予選擇　放一些不同的健康食品在冰箱，並且允許你的小孩選擇他們所喜歡的點心。

不要完全禁止垃圾食品　假如你完全禁止垃圾食品，或者對吃糖果嘮叨不停，當你不在孩子身邊時，他們很可能就過量地吃這些東西。當我在一個夏令營擔任醫生的工作時，我就發現這種現象。孩子們在夏天開始與結束時都會量體重，我問那些體重增加得最多的孩子們是否在家中吃得比較不一樣，每一位孩子的答案都是相同的：「我在家中不准吃糖果。」

限制果汁 孩子們喜愛果汁並且通常喝得比你想像的多。一般的孩子應被限定每日六盎斯（約170c.c.）的果汁。假如減少果汁會造成孩子爭鬧，試著用稀釋果汁的方法——一份果汁三份水。水是理想的首要選擇。假如把水裝在一個運動瓶中，我發現他們會喝得較多。

不要用食物當作賄賂 像「如果你表現得好，我就給你買冰淇淋」的評語，這樣是把情緒的價值放在糖果上，並且教孩童去餵養情緒。

減少牛奶中的脂肪 在三歲後可以改喝低脂或脫脂牛奶，較早做轉變，你會遭遇較少的抗拒（提示：孩童每天僅需要兩杯或三杯的牛奶）。

在電視機前不准有零食 在家中把這一點當作不容妥協的規則，你的小孩將會減少吃零食。然而更好的做法是，假如孩子的臥房裡有電視，將它移開，孩子們的活動將會增加。

限制電視、電腦與電動玩具的時間 此完全在於你建立看電視的規則。我建議看電視的時間不超過運動或活動的時間，假如你的小孩花半小時打籃球，他就只能有半小時看電視節目的時間。

不要容忍嘲笑 嘲笑對體重過重孩子心理的傷害非常大。假如你的小孩被嘲笑，為此而介入是很適當的。為了支援他，向他的老師、教練與其他孩子的父母討論此事。

變得更有活力 不活動是體重增加問題的主要成因。一開始，可以讓你的小孩參與運動與舞蹈，只上學校體育課所做的運動並不足夠。同樣地，全家一起動起來將為你的小孩立下很好的榜樣。

禁止無聊時吃零食 胖小孩最常見的習慣之一就是在無事可做時吃零食。設定限制小孩可以吃多少，就像你在其他方面所設的限制一樣，不要有罪咎感，因為你的小孩會在情緒上與身體上受益。

採取「回應一能力」

許多體重過重父母的子女也有同樣的體重問題，這並不意外。誠實的檢視你的飲食與運動習慣，雙重標準將不會具有說服力。說得現實一點，一個

健康的生活模式不僅對你的小孩，同時對你自己一樣也會達到效果！利用三個 R 來提升你幫助小孩減輕體重的能力。

徹底思考 THINK IT THROUGH

重新建構

考量：「我對小孩的飲食習慣有何影響？」

反思

・簡單描述你如何處理最近的飲食衝突。

_____

_____

_____

・孩子如何反應？

_____

・依序排列出最令你感到困擾的議題（由程度最高到最低排序）。

立下一個好的榜樣_____

負面的評論_____

嘮嘮叨叨的_____

以低脂健康取向來烹煮_____

說不_____

個人的活動層次_____

家庭的活動層次_____

解決

下面練習是為了讓你遇到情況時，能以有智慧的反應來取代直覺反應而設計。

1. 你的兒子正在拿第四片披薩。

   (1)你的直覺反應是＿＿＿＿＿＿＿＿＿＿＿＿＿＿＿＿＿＿＿

   (2)但你跳脫此一反應，並說＿＿＿＿＿＿＿＿＿＿＿＿＿＿＿＿＿

2. 在飯後一小時，你的兒子又在抱怨他肚子餓了。

   (1)你的直覺反應是＿＿＿＿＿＿＿＿＿＿＿＿＿＿＿＿＿＿＿

   (2)但你跳脫此一反應，並說＿＿＿＿＿＿＿＿＿＿＿＿＿＿＿＿＿

3. 你的女兒從學校哭著返家，因為其他小孩嘲笑她的體重。

   (1)你的直覺反應是＿＿＿＿＿＿＿＿＿＿＿＿＿＿＿＿＿＿＿

   (2)但你跳脫此一反應，並說＿＿＿＿＿＿＿＿＿＿＿＿＿＿＿＿＿

4. 你的兒子在醫生的候診室調皮搗蛋。你要求他安靜，他問：「如
   果我乖的話，你可以帶我去麥當勞嗎？」

   (1)你的直覺反應是＿＿＿＿＿＿＿＿＿＿＿＿＿＿＿＿＿＿＿

   (2)但你跳脫此一反應，並說＿＿＿＿＿＿＿＿＿＿＿＿＿＿＿＿＿

5. 你的女兒不吃她碗裡的每樣食物。

   (1)你的直覺反應是＿＿＿＿＿＿＿＿＿＿＿＿＿＿＿＿＿＿＿

   (2)但你跳脫此一反應，並說＿＿＿＿＿＿＿＿＿＿＿＿＿＿＿＿＿

挑食者
(*Picky Eaters*)
不再上演食物的戰爭

大約在滿兩歲時，Jackie除了少量的蘋果醬、雞塊和香蕉外，就拒絕吃任何東西。每餐飯就是一場戰爭，她的母親 Mandy 回憶：「我用哄騙、賄賂、要脅及好言相勸要 Jackie 吃、吃、吃，但我愈強硬逼她，她的抗拒也愈強。」

我討厭吃魚，我的丈夫愈催促我去吃：「這對你有益，它是低脂：你會為孩子立下一個好的榜樣」，我愈是不喜歡去做，他完善的邏輯並沒有改變我討厭吃魚的基本事實。同樣的情況發生在當善意的成人對孩子們施壓說：「印度的孩子正在餓肚子！」或者「除非你吃掉所有的蔬菜，不然就沒有飯後點心。」一位被威嚇去吃東西的小孩，必然最容易以反抗、憤怒、罪惡感與焦慮來反應；甚至於最冷靜沉著的父母，都會因不確實的訊息與不恰當的期望而出現破壞行為。

食物迷思

迷思

每餐不吃為其準備好的食物的小孩會生病。

事實

作為一個醫師二十餘年，我從未見過任何一個健康的兒童發展出因

挑食所造成的健康問題。

* * *

迷思

一個不好好吃飯的兒童應該另外給他牛奶。

事實

讓你的小孩（兩歲和兩歲以上）盡量多喝水，牛奶不要超過每餐飯四盎斯（每日十二盎斯，約為 340 c.c.）。

* * *

迷思

一個不好好吃飯的孩子需要以調羹餵食。

事實

以調羹餵食兩歲以後的小孩，他們將被教以：忽略其身體所傳達的重要訊息——飽足感（我也鼓勵超食者去辨識與尊重身體所傳達的訊息）。

* * *

迷思

一個不好好吃飯的小孩需要額外的點心。

事實

孩子們大概每三小時要吃些東西，這意味你的小孩每天需要一些零食。若提供的是有營養的零食，那就算你的小孩正餐吃得比較少，你也不需要擔心。

* * *

迷思

小孩應該吃掉他盤中所有的食物。

事實

尊重孩子拒絕吃某些食物的情況，否則你可能會造成他連其他的食物也一併不吃的困境。

* * *

迷思

一個不好好吃飯的孩童應該被施以壓力，要他多吃一點。

事實

你知道一個孩子的胃是大約與你拳頭相同的大小嗎？實際上，一個學說話的小孩所吃的食物，其份量大約是成年人的四分之一。

* * *

迷思

一個不好好吃飯的小孩應該遷就他。

事實

尊重小孩的喜好，但不要覺得你要去準備個別的食物以迎合每一個人的喜好。趁早教你的小孩如何製作三明治，這樣一來，假如他不想吃那些所提供的食物，他可以自己準備一份（三明治）。

「他什麼都不吃」

Mimi 與 Ken 有一個四歲的兒子 Mark，他的食量像小鳥一樣。Mimi 歎稱：「用餐時間很恐怖，所有我們能做的就是爭鬥。」依照 Mark 的父母所言，他們曾試過各種方法。我問：「你對於 Mark 對他所需要吃的東西過分挑剔做何感想？」父母相互凝視，而且顯得很絕望。Mimi 說：「可能我們逼得太激烈了，但假如我們不這樣做，他什麼也不吃。」

我們曾使用三個 R 的方法，讓 Mimi 與 Ken 以重新建構的問題自問：「我們是怎麼造成 Mark 挑食的習慣？」用歐普拉的語氣，她會說 Mimi 有了一個「阿哈」（aha）時刻（原來如此的時刻）。Mimi 脫口說出：「你想是不是因為我太密切的監控 Mark 吃了些什麼？我猜想我不停地向他嘮叨有關他吃的習慣。」的確，Mimi 愈施加壓力，小 Mark 就愈加以抵抗。

於此情形下，在新的進展發生前，舊的習慣需要先被消除。Mimi 與 Ken 決定，接下來的幾個禮拜他們不會說任何有關 Mark 吃什麼或不吃什麼的話。我已經提醒過這對夫妻要預期 Mark 剛開始會吃很少。人類有一種去抵制變化的自然傾向，所以 Mark 的行為在好轉前會先變得更糟糕，用以誘使他的父母再回到爭鬥的情況。正好有個情況出現，Mark 拒絕吃晚餐，而父母並沒有說任何的話。Mark 反問：「我必須吃掉我盤中每一樣東西嗎？」Mimi 說：「只要吃你想要吃的就好。」Mark 回答說：「我什麼都不想吃。」這像是他正想著：「嘿，親愛的爸媽，假如我不吃的話，你們應該會對我大吼大叫。」但是他的父母拒絕上鉤。一旦 Mimi 與 Ken 停止擔憂 Mark 吃的習慣，他漸漸開始吃更多種類的食物，同時用餐時間也慢慢變得愉悅多了。

「但她會挨餓」

五歲的 Jill 坐在餐桌子前立刻說：「我不吃這個，我討厭義大利空心麵。」這時你通常會說：「那要不要塗花生醬的三明治？」但你已經厭倦做一位快餐的烹調手，你又該如何應付呢？

不要這麼做
讓你自己陷入與你孩子的爭鬥中。
「吃你的晚餐否則不能吃點心。」

請這樣做
記住你的小孩不喜歡在她的義大利空心麵裡加番茄醬，說：「我知

道該怎麼辦。」然後給她一份義大利空心麵，將番茄醬放在旁邊。

* * *

不要這麼做

使用邏輯。

「假如你不吃晚餐，你等一下會餓。」

請這樣做

咬緊牙根，拒絕對他吃什麼說任何話。轉變話題說：「今天你做了什麼有趣的事？」

* * *

不要這麼做

訴諸使其感到罪惡的戰術。

「你很幸運有食物可吃，印度的小孩都在餓肚子。」

請這樣做

給你的小孩一大份的馬鈴薯泥（她喜歡的食物）及一小份義大利空心麵，然後對她吃了什麼不予評論。

☀ 「他想吃什麼我就給他」

早晨七點三十分，你要在一小時內到公司。你四歲的兒子Luke想要吃玉米片當早餐（太好了，你可以及時出門）。你放了一碗他喜愛的玉米片在他的面前。Luke哭著說：「我要有加棉花糖的玉米片。」你說：「但這是你最喜歡的玉米片。」（他想要的玉米片已經吃完了。）他大聲叫：「我要有加棉花糖的玉米片！」你應該怎麼做？

不要這麼做

給 Luke 一個最後通牒。

「有什麼就吃什麼，否則就沒有早餐吃！」

請這樣做

問你自己：「我怎樣沒有爭鬥地解決這個問題？」提供代替品？給 Luke 選擇？告訴他晚一點就會有棉花糖玉米片當作點心？

* * *

不要這麼做

訴諸使其感到罪惡的戰術。

「你為什麼不能像你弟弟一樣，吃我給你的食物？」

請這樣做

建議另外一種選擇，Luke 知道如何做花生醬與果醬三明治。

「這裡有些麵包與花生醬，你要不要自己做一份三明治？」

* * *

不要這麼做

試圖賄賂。

「假如你吃完玉米片，我就讓你吃零食。」

請這樣做

承認並接受你的小孩不是一個喜歡早起的人。

「不然來片烤麵包如何？」

採取「回應—能力」

使用三個 R 幫助自己克服逼迫你的小孩去吃的衝動。將精力投資在創造輕鬆用餐時間的經驗上，一個和諧的氣氛有助於培養小孩對食物和家庭的感恩之心。

徹底思考 THINK IT THROUGH

重新建構

問：「我如何捲入食物的戰爭？」

反思

明瞭你對問題所造成的影響是解決問題的一個基本步驟。

1. 小孩的哪些飲食習慣困擾著你？

   _____

2. 誰最關心小孩的飲食習慣？

   _____

3. 你的擔憂是有根據的嗎？你的醫生同意小孩的飲食習慣需要改變嗎？

   _____

4. 你對於小孩該吃多少食物的認知有可能是錯誤的嗎？

   _____

5. 怎樣的壓力可能影響小孩的飲食習慣？

   _____

6. 你害怕小孩的飲食習慣會造成什麼結果？

   _____

7. 當施加壓力要求小孩去吃時，你認為（你的小孩）他感覺如何、他會怎麼想或理解？

_____

8. 假如我問你的小孩當他媽咪與爹地說他需要吃更多的蔬菜（或其他健康的食物）時，他會説什麼？

_____

解決

· 將發生食物爭鬥的理由從最可能發生至最少發生，依序排列。

　1. 我的小孩正在利用食物當作權力旅程（試試他的力量有多大）。

　_____

　2. 我的小孩對味道與觸感太過敏感。

　_____

　3. 公婆向我施壓要我讓小孩再多吃一點。

　_____

　4. 我對我的小孩需要吃多少食物的認知可能有錯。

　_____

　5. 不吃東西已經變成我與我的孩子間的一場權力爭鬥。

　_____

　6. 我很會自尋煩惱。

　_____

· 簡要的寫下你如何處理每個影響你的議題的建議。

特別注意：你真的想要在往後的每個月、每一年，甚至更長的時間內，為了食物問題與孩子爭論不休嗎？你現在所建立的模式將繼續下去，除非你採取更積極的步驟去改變它們。

· 列出一個一週的戰略，以重新塑造你與食物間的交互影響。

1. 星期一 _____

2. 星期二 _____

3. 星期三 _____

4. 星期四 _____

5. 星期五 _____

6. 星期六 _____

7. 星期日 _____

嘟著嘴臉
（*Pouting*）
要做與不要做

四歲的 Sara 問：「媽咪，我們可以烤餅乾嗎？」她的母親——經營一間家庭式印刷公司的 Tracy 說：「不，我有許多工作要做。」Sara 跺著腳說：「你好壞，每次什麼都不行。」接下來的半小時，Sara 跟在她母親後面，表現出一副苦瓜臉的樣子。雖然 Tracy 決定不讓 Sara 戲劇化的動作影響她，但還是造成了影響，稱它是消極的攻擊、操縱或者內疚法——確實，嘟著嘴臉有不可思議的效果。下面所列的要做與不要做，將會幫助你處理嘟著嘴臉，同時教你的小孩如何以寬厚與尊嚴看待失望。

要討論感覺 藉由承認小孩的失望幫助他認識與表達感覺。假如你的小孩埋怨要離開他朋友的家時，告訴他說：「我知道你很失望，但我們現在必須回家了。」孩子們需要知道他們的感覺是重要的，但是不一定得要照他們要的方式做。

不要過分縱容 當小孩把順他的意當作是愛，他不會接受「不」的答案。

要給予選擇 當小孩對他生活中所遇到的事感覺無力時，他們通常會藉著消極侵略性的方式來表達自己，諸如：嘟著嘴臉、發牢騷與抱怨。你可以藉著給小孩足夠的空間去做決定，來幫助他感到有控制力。當兩個小孩的母親 Sara 告訴她的小孩不能做某些事時，她卻給予其他的選擇：「不，你們不能看電視，但要不要和我一起烤一些餅乾？」

不要寵壞你的小孩 即使你能夠買下玩具架上每一件精巧的小玩意，但如此做對你的孩子並不是最好的。一個被寵壞的小孩可能與他的同儕或其他

關係上會出現較多的問題，因為他會缺乏妥協及處理挫折的經驗。

要鼓勵感恩　教你的小孩集中焦點在他們生命中的好事，要看杯子中裝滿的一半，而不是空的那一半。使感激成為日常生活的會話：「今天在學校發生最好的事是什麼？你今天做了什麼有趣的事？指出兩件你今天感覺快樂的事。」像其他教養孩子的事一樣，以身作則是最強而有力的一課。給小孩如何享受生命本質的正面範例，而非埋怨生命中所沒有的部分。

不要用愧疚教養你的孩子　假如用愧疚當作戰術去激發你的孩子們，就要預知這會被用回你自己身上。你的孩子會說一些事情，像：「你都不讓我晚點再睡。」「真謝謝你沒有忘記你答應要買的巧克力牛奶。」「為什麼我不能讓朋友來家裡過夜──Madison 就常常可以帶朋友來家裡過夜。」「反正你也沒幫過我。」「你關心你的書多過關心我。」承諾自己：要致力的教養出沒有愧疚感的孩子。下面是我們如何（無意識地）養成愧疚感的例子：

- 參照孩子過去所犯的錯。
- 拿小孩跟他的兄弟姊妹或朋友比較。
- 我們使用一些話，如：「為什麼你從不聽話？」「你到底怎麼了？」「假如你爺爺知道你做了什麼，你覺得他會說什麼？」「你發誓？」

要尋找解決之道而非尋找過錯　當小孩被教以把重點放在解決而非過錯，他們長大後會具有責任感，並學會如何補救情勢，而不是浪費時間與精力在埋怨它。

如果你的孩子說

「我從來都不能去做任何有趣的事。」

她感覺到

「我感覺挫折。」

不要說

「誰說的，我昨天才帶你去運動場。」

可以這樣說

「我很願意唸故事書給你聽，你可以選一本書，等我完成手邊的事，我們就來讀。」

* * *

如果你的孩子說

「這不公平，我都不能晚睡，但 Benjamin 就可以去做任何事……你比較喜歡他，你真壞。」

她感覺到

「我感覺被忽視。」

不要說

「我一樣的愛你們兩個。」

可以這樣說

「你聽起來很難過，當你冷靜後，我願意和你談談這件事。」

* * *

如果你的孩子說

「我再也不要跟你說話了。」

她感覺到

「我要讓你因為對我說『不』而感覺到愧疚。」

不要說

「別再表現得像一個被寵壞的臭小子。」

可以這樣說

「當你靜下來時，我們再來討論。」

＊　＊　＊

如果你的孩子說

「我為什麼一定要上主日學？」

她感覺到

「這是不公平的。」

不要說

「因為我說了算，這就是為什麼。」

可以這樣說

「上主日學出現了什麼問題？」「告訴我，這樣我可以幫你處理。」

＊　＊　＊

如果你的孩子說

「我不想要參加班上的旅行。」

她感覺到

「我感到害怕。」

不要說

「你怎麼啦？旅行是很有趣的。」

可以這樣說

「為什麼不想去，我們來聊聊。」

一位苦惱的孩子會抱怨:「我不要去參加宴會。」「為什麼我要去游泳?」「我討厭體操。」藉著與小孩討論開放式的問題,像「為什麼你不想去參加宴會?」「你不喜歡游泳的哪一部分?」你就能區別苦惱與嘟著嘴臉。

採取「回應—能力」

嘟著嘴臉唯一可能有效時,是當你允許它如此,你不能強迫你的小孩停止嘟著嘴臉,但是你能夠停止你自己對嘟著嘴臉的回應。假如你的小孩無法得到他要的反應,他就會停止。

徹底思考 THINK IT THROUGH

重新建構

想想:「我如何助長了嘟著嘴臉?」變成一位人類學者研究你自己,這意味著企圖用非評斷的態度去了解你自己的行為、思想與感覺。

反思

・思考對半準則:你們倆平均地造成在你們之間的動力。

_____

・我的孩子嘟著嘴臉,而我

_____

・他的對抗反應是

_____

_____

解決

藉由改變你對此的反應來補救問題，寫出解決問題的計畫。

_____

_____

_____

提示：僅因為你孩子嘟著嘴臉並不意味你需要對此反應。他有權表達他的感覺，但你不需贊同他的感覺。

權力爭鬥
(*Power Struggles*)
謀求和平，不要戰爭

年僅三歲半的Molly是一個不需要高度關注的小孩，因此她的母親Annie，在不知道為何爭鬥會突然出現時，感覺非常驚訝。當要求 Molly 收拾玩具時，她把手放在腰部，跺著腳，並大聲喊叫：「不要！」當告訴 Molly 現在是沐浴時間，她就跑開。Annie試圖以理性對待Molly，給她選擇，並運用正增強，但是沒有任何效果。Molly 變得愈來愈叛逆，權力爭鬥也變得難以容忍。

對付權力爭鬥最好的防禦之道是什麼？就是知道如何去完全避免它。父母有時陷入權力爭鬥中，只因為他們認為必須讓小 Johnny 知道：「誰是老大！」若干父母想要證明他們能夠強迫他們的孩子退讓；而有些父母認為，這麼做是為了孩子好：「兒童需要學習尊重。」但事實上，權力爭鬥教導年幼小孩唯一的事就是：如何去挑戰、頑強與憤怒。假如你堅守三個基本原則，避免權力爭鬥是非常簡單的。

1. **具有彈性**　以創造性的思考，就能發展出和平與相互接受的解決方案。讓我們想想看一個還沒洗好澡就從浴室跑出來的學步兒，媽媽有兩個選擇：（1）她可以發怒，並說：「你在我數到三時，快回到浴室。」或者（2）她也能夠很聰明地說：「讓我們來看看你能不能找出在浴缸裡的六個黃色玩具。」大多數小孩均會起而接受挑戰。

2. **給予尊重**　合作的關鍵構成要素是：記著孩子也是人。別人向你發號施令時，你會覺得生氣嗎？假如某些人拒絕聽你說，你不會感覺受傷害嗎？孩

子們也是一樣的，父母提出要求，有時是毫無道理的要求，假如孩子不立即服從的話，父母可能會變得惱怒。「我要你安靜的坐下」以及「叫你做什麼就去做」是激起憤怒的命令，而且不太能夠引發合作。父母對自己所說的與如何說，要格外小心。

3. **成為團隊的一員** 三個臭皮匠勝過一個諸葛亮。問問你的孩子：「當我與陳醫生談話時，你想要做些什麼？」將會引發她表現良好；而像：「我要求你坐下，現在立刻照著做！」的命令，將會引起小孩的違抗。

你將可能會遇到問題，假如你……

· 在小孩疲倦或情緒不佳時做出要求，或假如你在壓力下或筋疲力盡時處理問題。

· 賄賂你的小孩表現良好。這樣可教導他有正當行為，但僅僅是在他被獎賞的情況下。

· 為小孩貼標籤。這著重在負面品質方面，當我們把焦點集中在問題上，麻煩會更嚴重。

☼ 「但是他不聽我的」

　　並不是所有的權力爭鬥都能避免，因為違抗是孩子嘗試獨立與自治的一部分，然而知道如何去反應孩子的反對行為，會幫助你防止敵對以及恢復和諧。首先，要由你去擺脫權力爭鬥。儘管需要雙方都在才能攤牌，但僅需一方就可以結束賽局，因為你是成年人，也由你決定是否這麼做。

　　什麼事不能做 不要站在原地的堅持孩子照你所說的去做。假如你以憤怒去回應他的錯誤行為，他會變得更固執。依照美國國家心理健康研究院（National Institute of Metal Health）最近的研究顯示：對小孩的不良行為過度反應的母親，比較可能有管教上的問題。

假如你和孩子競爭控制權，你將無法鼓勵他合作。

什麼事可以做　有很多有效的方式可以結束權力爭鬥。我喜愛的方法是告訴孩子：「我們現在都很生氣，我們何不稍後再來討論？」另外一個戰略是去認同你的孩子：「我知道你的感受，有時我也很討厭刷牙。」然後試圖利用團隊合作來解決問題，問你自己：「我該如何促進合作？」這樣你們均是贏家。

什麼事不能做　不要打你的小孩，用打的或許能暫時解決問題，但長久下來反而會增加問題；也不要大聲吼叫，吼叫也許會暫時解決問題，但在吼叫聲中長大的孩子，最終會變成對父母的話聽而不聞。

什麼事可以做　對付小孩反叛的關鍵就是不要去要求、逼迫與逞威風。寧可試圖了解孩子的看法，然後邀請他一起合作：「我有一個問題──我要你戴上帽子，因為我擔心你會著涼，但你討厭在頭上戴東西，我們應該怎麼做？」當孩子參與找出解決問題之道，他較可能會妥協。

☼ 誰是老大？

你要求五歲大的女兒 Lisa 安靜的坐著，並且停止製造出噪音，好讓你能夠與醫生談話，但她不理會。你要求她第二次，她跺腳說「不」，到最後你完全被惹惱了。你如何應付這種局面？

不要這麼做

發出另外一個警告。

「坐下，我不喜歡你像現在這樣。」

請這樣做

在說話前先讓自己冷靜。

「當我在與醫生談話時，你可不可以想想有沒有一些安靜的事能夠去做的？」

* * *

不要這麼做

打小孩的屁股。

「照我說的去做。」

請這樣做

試圖了解為什麼你的小孩行為偏差，一般來說，她可能是感覺到被遺忘了。

「當我與醫生談話時，你願意坐在我的大腿上嗎？」

* * *

不要這麼做

提供賄賂。

「假如你安靜的話，我會買一個玩具給你。」

請這樣做

確實了解小孩安靜坐著的能力。

「你想要畫圖嗎？我把你最喜愛的蠟筆帶來了。」

☼ 「讀我的唇」

你告訴你四歲的女兒睡覺的時間到了，她卻迅速地逃開。你給她一個警告：「假如在數到三時，你還不躺到床上，明晚就不准你看任何的電視。」你數到三時，她絲毫不為所動，現在該如何？

不要這麼做

大聲的叫喊。

「我快要沒有耐心了。」

請這樣做

要求你的孩子幫助你解決問題。

「天啊，Megan，我有一個問題。我要你現在去睡覺，但你不肯去睡。我們應該如何解決這個問題？」

* * *

不要這麼做

試圖講道理。

「假如你現在不去睡覺，你明天會很累。」

請這樣做

將焦點集中在讓你的小傢伙上床睡覺，而不需要爭吵。

「過來選一本書，我們今晚來讀書。」

* * *

不要這麼做

放棄。

「好吧，等你想睡時，你再自己去睡覺。」

請這樣做

給予指導，不要命令。

「現在我們要上樓，然後準備睡覺。」

當任何方法都不起作用時，應該怎麼做？

延緩問題　你可以說：「我太難過了以至於無法現在處理這個問題，讓我們都冷靜下來稍後再談談。」

認同你的小孩　「你是對的。八點半對你睡覺的時間來說是太早了，從

現在開始，你可以八點三十五分才上床。」（偶爾讓你的小孩感覺像一個獲勝者，這並不會產生太大的傷害。）

讓他分心 說：「現在是午餐時間。過來坐下，這件事我們稍後再討論。」

要求停戰 說：「讓我們同意，對這一個問題我們有不同意見。」

要求你的小孩提供意見 說：「你能幫助我解決這一個問題嗎？」

採取「回應─能力」

讓我們面對最後一個事實：需要兩人才能跳探戈舞。沒有父母的完全參與，權力爭鬥不會發生。這裡我們使用三個 R 來幫助你變得更有自覺與較少的回應。當你開始更清楚你的角色時，就會找出如何精確的解決問題，而不致損傷關係。

徹底思考 THINK IT THROUGH

重新建構

由問你自己開始：「我如何促成權力爭鬥？」

反思

了解你自己做了什麼，而使情況變成現在這個地步。使用頭字語 S-T-O-P 來幫助你把焦點集中在你的行為。

1. 看見：在你心中重演一個造成你憂煩的情況，聚焦在你如何應付一個特別對你敵對的情勢，想想孩子的違抗行為。

---

2. 思考：我的思考如何影響我反應的方式？「我比較大、比較老，經驗也比較多，我的小孩應該聽我的——故事就此結束。」

---

3. *觀察*：退一步並注意你的肢體語言、說話的語調與臉部表情，試圖回憶起當你的父母或老師責備你時，作為小孩的你感覺如何。

_____

4. *組合*：你的精神與情緒如何對你的直覺反應造成影響？

_____

_____

解決

以最精確的用語，想想能如何指導小孩的行為。

• 我叫我六歲的小孩到桌前來，他說：「等一下。」

　1. 我的直覺反應是

　_____

　2. 但是我停止這樣做，取而代之的是

　_____

• 你要求孩子去收拾東西，但他仍繼續玩耍，彷彿沒有聽見你說的話。

　1. 我的直覺反應是

　_____

　2. 但我停止這樣做，取而代之的是

　_____

• 你要求孩子穿一件厚運動衫，因為外面很冷，但是他拒絕了。

　1. 我的直覺反應是

　_____

　2. 但我停止這樣做，取而代之的是

　_____

🧑特別注意：在你對孩子的不當行為反應之前，停下來思索，選擇有正向後果的行動反應。

爭吵

(*Quarrels*)

衝突解決的技巧（初階版）

很多年前的一個晚上，當我躺在床上聽孩子們在另一個房間爭吵時，我發覺有些事很奇妙。當他們彼此敵對及欺侮對方的時候是高手，但到了需要解決歧見時，卻毫無線索。在此以前我為什麼沒有發現？他們確切的知道如何打中對方的要害、刺激對方、傷害彼此間的感覺以及使對方哭泣，但他們不知道如何謀取和平——那是我的工作。當我無法再忍受這種爭吵時，我介入並掌控情況。但是我究竟教導了我的孩子們什麼樣的功課——他們沒有了我，就不能夠把事情解決？他們甚至不需要去試一試嗎？我下了總是會有歧見這樣的結論後，我決定教導我的小孩，教他們解決歧見所需要的技巧。孩子們能夠做損害控制嗎？他們不僅有能力如此做，甚至很年幼的孩子都能夠扮演他自己的「諮詢者」。

過程 當大家相處很融洽時，與這些孩子坐下來（談談），並建立若干基礎的規則。例如，告訴他們：「從現在開始，當你們在爭吵時，我就會要求你們暫時中止，共同達成解決問題的協議。」下面的頭字語 W-I-N-S，將會幫助你在談判的藝術中指引你的小孩。當孩子們被困在爭吵的模式中，而你需要重新指引他們的新焦慮時，就是使用這種戰略的時機。

一起努力（Work together） 每位孩童均有一個機會去表達他們的意見，重點是在發現解決方案，而非過錯。

打斷（Interrupting）**是不被允許的** 相互傾聽而不要打岔或插嘴。

不（No）**翻舊帳** 這不是提出過去的埋怨的時候，而是要聚焦在眼前的

問題。

保持（Stay）談判　同意繼續處理這個問題，直到達成你們共同接受的解決方案為止。

　　一旦你建立了指導原則，扮演調解者的角色及促進討論，讓每個小孩都能提供一個如何解決問題的方法，從一個小孩進行至另一個，並給每個孩子機會去評論方法及提供解決方案，直到達成共同一致的意見為止。此種程序教導小孩們：如何妥協及變成以解決問題為導向。我並不想謊稱你的孩子將永不會再爭吵，這種情況不會發生，但他們能夠學習去溝通協商，且當這樣的情形發生時，花費較少的精力在爭吵上，就會留下更多的精力在從事有樂趣的事情上。

　　使用三個 R 去集中重點在你能教孩子什麼，以幫助他們在一起相親相愛地和平相處。

徹底思考 THINK IT THROUGH

重新建構

評估：「在爭吵中我扮演何種角色？」

反思

‧當孩子們爭吵時你如何處理？

_____

‧你如何決定何時要介入？

_____

‧你如何決定誰有犯錯？

_____

解決

創造遊戲計畫去幫助孩子變成較有效能的問題解決者。

_____

_____

_____

_____

建議：要有耐心。這需要至少一個月的時間，你才會看到改善的徵兆。

你可能會遇到的學校問題
(*School Problems You May Encounter*)
以及你能做些什麼

我知道在成績單送到家裡的那一天，至少有 10%至 15%的父母會為了緊急的諮商打電話到我的辦公室。六歲大 Shane 的母親因為他家庭作業的問題而來電；Tracy 的爸媽因為老師對他們女兒無法長時間維持注意力有所建議而來電；Luc 的母親擔心有關她兒子的行為，很明顯地，他較有興趣的是社交而非完成學校作業。當孩童有學校問題時，我需要區分的首件事是：這孩童是否有行為、情緒或學習上的問題，或者上述問題都有。雖然在真實生活中，這些議題至少在某些程度上會有重疊的傾向，但是我們將分開探討這些議題。

☼ 行為問題

　　一個在學校調皮的小孩有許多理由可能會出現行為問題，因為父母並沒有在場親眼看到問題的發生，在學校的時間，他們依賴老師及學校其他人員去填空。試著對這個讓你擔憂的情況有個清楚的畫面，而不是變得有防衛性或產生憤怒。在採取任何積極的步驟補救前，退一步並更全面地來看。

　　你的小孩在社交上如何？　為了贏得同伴的接納，小孩可能變成班上的丑角。

　　你的小孩從這一行為中獲得什麼？　小孩為了取悅他的同伴，或因為他有學習上的問題，而可能出現搗蛋行為；有學習障礙的小孩，為了避免做其分內的工作或由於挫折的結果，可能表現出不適當的行為；在另一方面，小

孩因其分內的工作過於容易，也可能出於無聊，而會干擾他人（的工作）。

你會如何描述你小孩的性情？ 忙碌的小孩可能發現安靜坐下來是很困難的；精力旺盛的小孩可能發現保持安靜是很困難的；而易衝動的小孩可能會發現等待輪流是個挑戰。

是家庭問題引起的嗎？ 如果小孩憂慮生病的父母或手足，或者家裡出現了婚姻衝突，他的家庭作業問題就更顯得微不足道。

你小孩的發展是與班上同步嗎？ 小孩依照他自己的速度成長，但是當小孩與他班上的同伴不能同步發展時，就會產生問題。

你的小孩有服用任何藥物（成藥、處方藥、草藥或家庭治療）可能影響到他的行為嗎？ 咳嗽藥能夠使小孩昏昏欲睡或活動性過強，氣喘藥物能夠使小孩坐立不安或導致混亂，他們也可能會出現集中力降低。

你小孩的行為反映出更大的問題嗎？ 當任何一個小孩有顯著的學校問題時，就應考慮其是否有注意力缺陷過動症或學習障礙。

情緒議題

雖然我們傾向去認為童年是沒有壓力的，但這種假設很不幸地與事實相差甚遠。雖然孩童不需要煩惱準時上班，但他們並沒有免除於壓力、憂傷、焦慮與憂鬱。少量的壓力可以引起動機，而過多的壓力會對學習、社交能力和整體健康造成負面的影響，但是兩者之間的界線是很模糊的。當今的孩童要應付不少的複雜問題，大部分的孩子可以處理問題而沒有出現明顯的狀況，但有些孩子並非如此。沮喪的孩童可能難以在班上集中注意力；高度憂慮的孩童可能無法參與課堂活動，及其測驗成績欠佳；較差的憤怒控制可能導致攻擊性及在校園中的打鬥。你需要在採取步驟解決它之前，了解問題所在。

我的小孩是被霸凌與嘲弄的目標嗎？ Jill 的母親回憶痛苦的時光，在她女兒讀一年級時：「她被班上的同學叫作『肥仔』與『小豬』。」這個問題因 Jill 在家裡不斷增加的難教養行為而變得複雜。「我整個心思被處理她憤怒的爆發所占據，我不曾停止思索它是從何而來。」Jill 的媽媽回顧道：「倘

若我知道她在學校被嘲弄，我會在家裡以不同的方式來處理事情。」

我的小孩缺了太多天的課嗎？ 我知道當有些母親感到孤單或沮喪時，經常把小孩不恰當地留在家中。假如這勾起你的記憶，我鄭重地建議你做一些事去補救你情緒上的健康，而非利用你的孩子，會讓你有較好的感覺。

這位老師適合教我的孩子嗎？ 我永遠不會忘記六歲的 Gregory！我被要求處理他體重減輕的問題，他輕了將近十公斤並在醫院住了至少有一個月。在仔細檢查後，一切恢復正常。Gregory 透露：他的教師讓他心生畏懼。在醫院時，他的擔心漸漸減輕，他又恢復體重，甚至還重了一些。教師並不是問題，她是深受其他的小孩與父母所喜愛的一位老師。Gregory 的故事是一個極端的例子：不合適的孩子與老師配對會如何衝擊兒童的情緒與生理健康。

學校的學習風格適合我小孩的性情嗎？ 把你個人有關教育的見解與哲學擺在一邊，思考你小孩如何融入學校的環境。

小孩的心情如何？ 是一些不相關的情緒問題干擾到你小孩的學習能力嗎？

學業問題

上週某一天，我接到 Cindy 的電話，她是六歲小孩 Troy 的母親。她給我的感覺時常是閒適從容的，所以當我聽到她哭且無法收拾好心情談話時，我知道一定發生了什麼很嚴重的事。前晚，她與她丈夫被要求到學校去，討論 Troy 在學校的狀況。「他們就在那時投下震撼彈，」Cindy 說：「他的老師認為他有問題。」一個孩子可能有學習困難的理由很多，這些可能的原因我們已經觸及到，像因為嘲弄而有集中力困難的兒童；但也有其他的原因，包括聽覺或視覺的問題、發展遲緩、學校長期缺課、太多的課外活動、智力的原因，或者學習的障礙，你應該從這類的原因中找出問題的癥結。

我的小孩有足夠的時間做家庭作業或指定的功課嗎？ 今日的許多小孩有繁重的課業與活動負擔，以致他們需要智慧型電子記事本去規劃他們的課外活動。

我的小孩是否可能有聽覺或視覺的問題？ 一旦孩子被鑑定出有視覺或者聽覺的問題，許多學校問題就能獲得解決。我會鄭重推薦正式的聽覺和視覺評估給任何有學習問題的兒童。上週我治療一個可愛的九歲女孩，她的成績一直不斷地往下滑。她的語言能力正常，而且她的母親也不認為她的聽力有問題，但是正式的測驗結果顯示此位女孩有中度的聽覺損傷，而且她學習以讀唇來補救。

我需要帶我的小孩看醫生嗎？ 少數的一些醫療上的情況能夠影響孩童學習的能力，例如：甲狀腺的問題、鉛的攝取或者染色體的異常。然而，大多數的學習困難並未顯示潛在的健康問題。

我的態度如何影響我的小孩？ 這是去思索你們自己對學校的態度最佳時機。你的經驗是正向的經驗嗎？我知道有一位父親就施加巨大的壓力給他的孩子，他只對全部得 A 的成績感到滿意，因為他在年輕時就中途退學，所以不希望他的孩子們做相同的事。雖然他的關心是來自於關愛，但他對孩子們的衝擊卻主要是負面的：他的兒子幾乎完全停止再對學校課業做任何努力，他認為「何必麻煩？」因為父親從來沒有滿意過。

我的小孩有學習障礙嗎？ 大約 10%的北美洲人口有學習障礙，此意味個人雖有正常的智力水準，卻會有學習困難的情形。應該要查明是否有其他原因造成的持久學習問題，以排除是否為學習障礙。

我的小孩有注意力的問題嗎？ 有些小孩有注意力困難的問題，此可能干擾專心和學習的能力。假如你小孩的注意力持續時間較短、不專心，並且容易分心──不論是否有行為問題，與你的小兒科醫生以及小孩的老師討論你的顧慮。

☀ 老師的寵兒

你、老師與其他的教育者間之理想關係應是：一個相互尊重與合作的關係。然而，我發現教師與父母間相互對抗的情形屢見不鮮。最好的情境是老師與父母共同貢獻他們的專長與知識，一起幫助孩子。父母能夠分享對孩子

怎麼做會最有用的看法，老師也可要求父母對關於學校議題的合作及參與。假如與你孩子的老師之間關係有一個壞的開始，回頭再促成一個新的起點以重新回到軌道上。

徹底思考 THINK IT THROUGH

重新建構

評估：「我如何反應我孩子的學校問題？」

反思

· 花一點時間思考你在處理學校難題的角色。

_____

_____

· 關於你的教導，哪個描述較接近：「教練」或「批評家」？

_____

· 假如你回答「批評家」，為什麼你採取這種方式？

_____

解決

不論造成學校問題的根本因素為何，你的孩子需要你的支持，一旦你了解這些問題，你能為他做許多事。

🏠家庭作業：設計一個遊戲計畫去幫助孩子展露學校學業最好的一面。

_____

_____

拒絕上學
(*School Refusal*)
你該知道和你應該做的

．．．．．．．．．．

Andrea 是一位在大型教學醫院小兒科門診部擔任協調工作的護士，有五年與孩子工作的經驗，所以信心與具體的資訊並不是她所缺乏的。因此，當她五歲的女兒對第一天上學過度緊張時，她完全知道要怎麼做，她所沒有準備的是，她這樣做之後會讓她感覺有多糟！Andrea 不得不從她的衣袖中扳開她女兒的手指，一指接一指，只為了可以把她拉開！

「拒學」是一個醫學名詞，用以描述小孩不願意到學校的特性，不論其根本的原因是如何。年幼的小孩經由他的行為來溝通，一位尚未準備好且對於上學過度緊張的小孩，實際上是在說：「我真的不能面對此事！」小孩拒絕去學校，可能是因為他憂慮家裡正在發生的事，特別是當父母爭吵或家庭的成員生病，另外一個考量是：是否你的小孩經驗學校或社會問題。與小孩的老師談一談並問下面的問題：他的分數如何？他有朋友嗎？他是否被嘲弄或被霸凌？但至目前為止，最普遍的拒學理由是分離焦慮，小孩經驗到與父親及母親分離的困擾，但之後就不會有這樣的焦慮。很顯然，你解決問題的態度，有部分是必須依據的潛在因素。

避免拒學的最佳方式是事前的準備行動。在她正式上學前，多次的帶小孩到學校去，帶她參觀學校，認識學校的建築物，那麼在她第一天上學時就不會覺得有迷失的感覺，並在可能的情形下，試圖把她介紹給在同一班級的其他小孩。以下的哲學與運用常識的策略可用來減輕分離焦慮，以及增加孩子的自在感。

給予清晰的訊息　小孩需要知道你期待他上學，不論他如何抱怨、哭喊或大鬧一番。

保持告別辭簡潔與甜蜜　簡明的告別辭將傳達出：你對小孩能夠去面對的能力有信心，反之，流連徘徊將會送出這樣的訊息：「我很擔心你。」

讓父親輪流　父母親中哪一個在與小孩分離時較不會有困難的，就應該由他送孩子去上學。我的女兒 Madison 曾大吵大鬧，直到我的大女兒開始送她去學校，在經過數個月的吵鬧後，Madison 很快就穩定下來。

以家庭回憶安慰你的孩子　有些小孩喜歡帶家中的特別物品──毛毯、枕頭或填充玩具動物；一張家庭照片可能就有安慰作用；午餐盒上的小語也能幫助創造聯繫的感覺。

四項應去除之行為

下面的行為似乎沒有幫助，甚至可能使事情惡化：

1. 要求小孩停止哭鬧。
2. 賄賂小孩要表現好。
3. 把小孩留在家中。
4. 趁小孩分神時偷偷溜走。

使用生活常規　當生活充滿緊迫的氣息時，規律的結構是可以慰藉人的。保持早晨的生活常規，你的孩子會知道什麼是被期望的。這種生活常規最好在學年度開始前就執行會更好，如此，你的孩子就不需要一次就面對多項變化。

建立再見的慣例　「親親─抱抱─磨磨鼻子─飛吻」是我們離開時說再見的慣例。再見的慣例可以幫助小孩準備分離，並且使再見變得較容易一點。

過度保護的父母比較有可能發現他們的孩子有分離的困難。孩子不但要去克服他自己的不穩定，還要與他父母的不安作戰。例如：當父母在假裝離開後又回頭來查看他，會致使一位剛安靜下來的孩子，又再一次被激奮起來；或者假如母親在離開時顯示她的不安，小孩會收到需要憂慮的訊息，並且會抗拒得更厲害；然而，更糟的是，假如父母決定不離開，甚至帶小孩回家，或者與小孩一起留下來，小孩就會學習到哭喊對她是有利的。假如你丞欲讓你學齡的小孩離開你的視線，那麼你需要先自我克服，才能幫助你的小孩克服他的恐懼。

徹底思考 THINK IT THROUGH

重新建構

考量：「我如何養成我孩子的拒絕上學？」

反思

· 你如何處理你小孩的拒絕上學？

_____

_____

· 你為什麼是這樣的反應方式？

_____

_____

· 是什麼樣的情緒包袱造成你以如此的方式處理這種情況？

_____

_____

解決

變成「不再難分難捨」，想想以其他的選擇或方式來處理告別。

_____

_____

_____

建議：當你的孩子能夠主控她的情緒，她將變成更堅強的人，而你也會發現：作為父母，你對自己的信心達到了新的水準。

分享
(*Sharing*)
什麼是合理的，什麼不是？

我的小女兒在四歲時對她的玩具變得很具占有慾。完全出乎意料，Madison 決定：沒有人可以碰她的東西，包括當時來家裡玩的小表妹。我們三個成年人——我的丈夫、我的弟妹以及我——雖然比孩童更有智慧，但在我們之中也沒有人能說服 Madison，甚至無法讓她可以分享她最不喜歡的玩具。更嚴重的是，我們對如何處理這種情勢無法達成共識。我的丈夫以非常堅定的語氣告訴 Madison：「你必須在數到三時，和表妹分享玩具。」我的弟妹說：「沒有關係，Anisette 能夠找其他的事情做。」至於我的部分，我批評我的丈夫說：「你要公平一些。」

在這種情勢下你會怎麼做？Madison 現在已經八歲了，分享東西對她已不再是問題。但是我每天都接到由感到挫折、混亂與困擾的母親所打來的電話，問我如何處理相似的問題：「孩子要如何學習共享？」好問題！我的確聽過一個遊戲團體請一位母親和她四歲的小孩離開團體，因為對於解決分享的問題無法達成協議。

當我是青少年時，我別了一個別針，上面寫著「問題權威」。當我不再是叛逆的青少年時，我繼續質問大多數我所聽到的——你也「應該」如此。不要讓任何人告訴你應做什麼，分析你面對的情勢，了解你的孩子，信任你的本能，然後做你所認為是對的事。

　　我們總是過分強調處理問題正確方式的重要性，卻未能欣賞建立好模範的特殊意義。孩子們從我們如何過每一天的日常生活中學習到慷慨與公正，而非從成年人加在他們身上關於分享的教訓。我們每天立下模範卻沒有體認到這一點，過了一段時間後，每一個小的行為都有加乘效果。

　　想像到一家瘦身中心，那裡有一位體重過重的顧問正在講授有關改變你吃的習慣，你的反應可能會：「為什麼我應該聽她的話？」你家庭裡的情形也是如此。你能夠教訓孩子的不分享行為，你能對他的搶奪行為給予暫停的處罰，你能對他的自私行為予以斥責，但是對孩子而言，最好的一課是真實的範例。假如你的目標是教孩子分享，你想要逐漸灌輸欣賞友誼與給予，那麼你必須試圖描繪你希望移附在你小孩身上的特質。

　　但對此時此刻——當孩童拒絕與手足及朋友分享玩具時，父母要做些什麼呢？讓我們藉由從檢視什麼是不應該做的，來回答這個問題。

　　永不強迫小孩　當玩具從小孩身邊被拿開，而給了另外一個小孩時，你想他會學到什麼？暫且想像一下，你的老闆走進你的辦公室，從你桌子上拿走你的筆記型電腦，然後轉身將它交給你的同事，有任何理由去假設，此種舉動會激起你去分享的意願嗎？事實上，你會不會更容易變得小氣？你在小孩的生命中是最有影響力的人，你能夠教導他分享價值，而不是強行將它們加制在他的身上。

> 當小孩子固定在一起玩耍時，媽媽們最好能在事前討論他們要如何處理分享的衝突。

　　不要強迫年長的孩童去與年幼的孩童分享　較年幼的孩童想要表現得像他們的哥哥、姊姊。當我的大女兒正在玩球時，只要是她正在玩的，她年幼的弟弟與妹妹也要玩球、筆、書、玩具。但是只是因為年幼的弟妹想要玩就去期待我女兒和他們輪流玩，這是公平的嗎？有時我們忘記共享的另一面是尊重。教導孩子們去尊重別人的空間，與我們灌輸給他們寬厚的精神是同等

重要的。

> 假如兄弟姊妹正在為一個玩具爭吵，大多數的父母會干預，並告訴較年長的小孩應該把玩具讓給弟弟妹妹；但是鼓勵他們在他們之間找出協議，應是更好的方法。

永遠不要強迫小孩輪流　輪流是父母教導小孩分享的一種基本策略，但是在這個教導具有任何教育意義之前，孩子需要先了解「時間」這個概念，值得注意的是，時間觀念直到三歲之前並未發展出來。

永遠不要從孩子手中費力取得玩具　除了安全的理由之外，我想不到任何一個情況會讓我說：從小孩的手中奪走玩具是公平的。當你依賴身體的力量，你正在教你的小孩去做同樣的事。如果你要孩子手中的玩具，一個較為妥當的方法是伸出手向他要求，假如你能使用一種合理的語調去要求，你的孩子也比較可能合作。一位不願放棄玩具的學步兒不應該被強迫如此做——假如武力是必要的話，教育的目的已喪失。

當父母被捲入玩具的爭戰時，主要的目標不是教訓你的孩子去分享。其實，目標是以一個不會造成傷害的態度去介入（例如：在孩子間不會造成惡劣的感覺），孩子們對於沉默的訊息是非常敏感的。假如父母要求年紀較大的哥哥姊姊把正在玩的玩具讓給年幼者，大孩子可能聽到的是：「媽媽喜歡弟弟更勝於我。」假如小孩對他的母親發出哀怨之鳴，而她（母親）因而介入這個孩子的事情中，另一個小孩必會感覺受傷害，而且對這位手足產生憎恨。請採取一般普通常識的方法，並且以不會造成傷害的做法介入。

尋找解決方案，而非過錯　假如孩子們正在為玩具而爭吵時，而且他們又找不到解決方案，要孩子們自己為衝突負責並鼓勵他們自己想辦法解決，技巧是給這些小孩他們所需要解決這些衝突的工具，然後盡可能不要插手。一項很有效的方式是說：「好了，我們有個問題，你們雙方都想要玩同一個玩具，那是不可能的，我們如何解決這個問題？」然後，退到一邊讓孩子們

自己去解決。另外一個策略是給你的小孩幾個選擇，讓他們自己決定採取哪一種。

應符合現實　自然的情況下，就一個孩子如何發展其自我及世界以他為中心的意識而言，自私是發展於慷慨之前。當你體認到這是嬰幼兒發展的正常部分，對爭鬧採取較冷靜與富於同情心的態度去回應，將會變得較容易。

> 假如你的小孩拒絕共享，避免賄賂他如此做。賄賂可能為你買到短暫的和平，但就長期而言，這樣會教導你的小孩不去共享，除非提供他一些東西作為回報。

為學步兒的行為道歉　假如你的學步兒孩子搶了另一個小孩的玩具，為你小孩的行為道歉並沒有什麼錯。如此做，你表現了對其他小孩的尊重，而不隱藏你小孩不切實的期望。

沒有干涉的觀察　當你的小孩為爭玩具而吵架時，控制你想介入和他們一起吵的衝動（當然除非事件發展成暴力相向），此種行為會導致非贏即輸（win-lose）的結果，其往往意味有人會受到傷害。此外，你的小孩會學習依賴你去解決他們的問題。

了解你自己　當 Sandy 的學步兒孩子沒有抗議另一個孩子從她手中搶走玩具，她不能容忍女兒的懦弱，因此跳起來說：「很抱歉，Jenny 正在玩那個玩具。」她雖如此說，但是她所想的是：「噢！可憐的 Jenny！」然後她堅持搶玩具的小孩應歸還玩具。有一天 Sandy 體認到：當其他小孩搶走 Jenny 手中的玩具時，Jenny 並不覺得有什麼關係。在這種情況之下，她只顧著反應出自己的感覺，卻忽略了她女兒的感受。在突然領悟後，她停止干預她女兒的行為，重要的事就是停止投射我們自己的情緒於一種情勢中。問你自己：「這是誰的問題？」

當你為孩子解決問題時，她學習到不信任自己的能力，且無法發展
到她所需要變得較為獨立的技巧或信心程度。

利用分心　你能藉由使你的孩子參與其他不同的事物，而轉化你孩子的
心情。不是每一件玩具的衝突都需要變成教導你孩子有關共享的講台。

不要火上加油　Jack 想要他妹妹的著色本，但妹妹並沒有分享的意願。
孩子們輪流是很基本的嗎？不，基本的是：不要因為你自己介入孩子之間而
增加了手足的敵對狀態。

了解手足間的動力　孩子可能對朋友很慷慨，但不願意與家裡的兄弟姊
妹分享玩具，因為他正忙於記分：「你不願意讓我看你的戰利品袋——所以
我為什麼要給你一片口香糖？」記分卡的心態導致憎恨、痛苦與積怨。幫助
你的小孩突破這種習慣，教導他們不要只看到他們所沒有做的，而是去看他
們彼此間相互為對方所做的事。有時需要的只是一個簡單的評論，像「你的
弟弟借給你他的溜冰鞋是一件好事」。

我知道有一個家庭鼓勵他們的孩子分享聚光燈焦點。每週日晚間，
他們舉行家庭表演會：一個孩子彈鋼琴，另一個講笑話，最年幼的
一個表現他的新技能。

著力於相互的關係　有些時候問題出在相互的關係上。你是否願意與你
正在生氣的對象分享？你是否願放棄你所喜歡的東西給某些你討厭的人？不
太可能。試圖解決在你孩子反應中出現的一些更深切的問題。

認同慷慨　一天早晨我下樓來吃早餐時，發現我的兒子 Max 準備招待所
有他在校的朋友。當我看見他正在做準備工作時，幾乎脫口說：「我需要餵
你們全班嗎？」但是我控制自己，讚揚他是一位好朋友，而不是數落他。

採取「回應—能力」

是的,當孩子不顧別人與貪婪時是很讓人困窘的,但當你對你孩子的良善有信心時,你比較不會傾向感覺生氣或沮喪,而且比較能夠對衝突以柔性的諒解去反應。

徹底思考 THINK IT THROUGH

重新建構

闡明:「我如何影響我小孩對分享的態度?」

反思

用頭字語 S-T-O-P 去明瞭你這一端的方程式。

1. *看見*:在你心中重演會引起你憂煩的情勢。

_____

2. *思考*:我的想法如何影響這情勢?

_____

3. *觀察*:退一步,並注意你的肢體語言、說話語調與臉部表情。

_____

4. *組合*:你的精神與情緒因素如何影響你的直覺反應?

_____

解決

讓我們練習以一個有意識的反應來取代直覺的反應。

· 你四歲的小孩搶走另外一位小孩的波浪鼓。

　　1. 你的直覺反應是

_____

2.但你停止這樣做，取而代之的是

_____

・你五歲的小孩拒絕讓她的小妹妹輪流玩盪鞦韆。

　1.你的直覺反應是

_____

　2.但你停止這樣做，取而代之的是

_____

・家裡的小孩想要輪流玩玩具，但較大的小孩拒絕分享。

　1.你的直覺反應是

_____

　2.但你停止這樣做，取而代之的是

_____

購物規則
(*Shopping Discipline*)
萬無一失的完成購物

為什麼孩子們在超級市場內不守規矩呢？難道期盼更多的改善是毫無希望的嗎？為什麼他們要我們去買他們所看到的一切東西呢？「在購物商場中，我注定是對孩子們大聲吼叫的母親們之一嗎？」父母時常問我有關他們孩子在公共場合失態的行為，並且抱怨購物行程像是一場惡夢。然而，你是否停下來想一想這些背後的原因？

　　簡而言之，這是進退兩難的問題：我們購物的目標與店家經營的目標正好相反。在孩子變得坐立不安前，我們想要盡快地完成購物，但是超級市場營運的目的卻是盡可能讓我們留在賣場中消費。這些大賣場的動線設計是使我們從賣場的一頭閒逛至另一頭，並且每走一步都試圖引誘我們瘋狂地消費。

最好的策略是……

· 購物的時間要實際可行。

· 避免在孩子的午休時刻去購物。

· 在購物前先用餐。

· 購物前應做準備。

　　從最基層做起　藉由讓你的孩子參與，你可以與你的孩子擁有一個非常平靜的購物遠征，要求他們挑選花椰菜和綠皮胡瓜，尋找番茄汁的罐頭，或者協助推購物車。就我所知，一位母親著手進行一次購物行程像是獵取食物

之旅,她的小孩喜愛購物並且少有爭吵。我們並非都擁有那麼多時間與精力,我僅僅建議:努力讓你的小孩忙碌於適合其年紀的行為。

早一點離開　在孩子發牢騷、坐立不安以及抱怨之前,規劃早一點到收銀台付款。否則你就會變成是讓你的小孩們在正當肚子餓時,得面對收銀台前讓人流口水的誘惑(超級市場精於此道)。我知道有些家庭是從來不買零食給他們的孩子,但是,也有些家庭則是時常買零食給孩子。以我的觀點,問題不在你是否買零食,而是你的孩子們是否能夠聽到「不」這個字時而不大吵大鬧。你不需要有關買零食的原則(保留原則給更大的議題),但是你確實需要技巧去說「不」,並讓它是有意義的。

> 不要等到發生問題了才決定要離開商店。注意你的小孩在逛多久的時間之後會變得焦慮不安,之後規劃提早五或十分鐘來結束你們的購物行程。你可能會發現你的孩子的容忍程度是很一致的,這將是你需要去尊重或者準備好去處理的事。

利用三個R　對所有不能避免的問題,以重新建構、反思與解決的過程來經歷問題。

控制你自己,而不是控制你的孩子　這裡我們以 Sherri 的故事為例,她是四歲大孩子 Megan 的母親:「在我之前有六個人在排隊,我正思考著如果隊伍移動得夠快的話,那我回家還有足夠的時間打一通電話給客戶。但 Megan 打斷我的想法:『我可以吃巧克力棒嗎?』我回答說:『不可以,已經差不多到午餐時間了。』Megan 快速反擊:『我恨你,你是最糟糕的媽咪。』然後她猛擊地板,並且躺在地板裝死。當我試圖扶起她時,她整個人癱在那裡。我警告她,假如不立即起來的話,可能會遭受的各種處罰(通常我是夠有耐性,但我沒有時間去扮演滑稽的動作逗弄她)。一旦「反思」此情境,讓我了解到我嘗試改變 Megan 的行為是毫無助益的,這些嘗試反而使情況更加惡化。因此,我擺脫這個情境並著手做我自己的事。她從我這裡沒有得到動機,

Megan 很快地喪失鬧脾氣的興趣。雖然我沒有及時趕回家打我的電話，但我卻擁有完整的自尊返抵家門。」

實際狀況是什麼？

根據多年前我做的非正式調查發現，一般小孩可以忍受購物的時間如下：

- 學步兒：五至十分鐘。
- 學齡前兒童：十至十五分鐘。
- 學齡兒童：二十至三十分鐘。
- 十幾歲的青少年比其父母更能持久，所以購物時間長短不定。

做調查　像我們一樣，當孩子們感到疲倦、厭煩或者飢餓時，就會變得暴躁不安。但問題是當孩子在公共場合上失態時，父母傾向於去糾正他的不正當行為與忽略潛在的問題，處理這種情境的最好方式是對問題的正反面同時做反應，讓你的孩子知道你不會原諒他的行為，但是，同時也要辨識與改正基本的問題。

預防壓力　以防購物時間比預期時間更長時，一個簡單但是必要的策略是：要攜帶一些點心和安排其他消遣的事。如果你先前有想到並且採取積極的措施，你要處理的問題就會少之又少，並且對任何突發事件有所準備。壓力預防也包括假設一個較少反應的心理設定，當父母更為輕鬆時，他們和孩子們在一起會更有樂趣，會正確地處理事情，並且能用愛心和幽默來妥善處理問題點。

如果這發生了

正值回家的時間，你的孩子拒絕進入車內。

她感覺到

「我累了。」

不要說

「假如你現在上車，我會在回家途中買一盒冰淇淋給你吃。」

可以這樣說

透過說：「當我們回家後，你能幫我做一頓美好的晚餐。」來激勵你的孩子。

* * *

如果這發生了

你在收銀台前排隊等了將近十五分鐘後，你五歲的小孩叫喊：「媽咪，為什麼這個胖女人花這麼長的時間？」

她感覺到

「我很好奇。」

不要說

「噓！噓！這樣說話是沒有教養的。」

可以這樣說

你向那位女士道歉，並且在私底下問問你的孩子：「記得那次你姊姊取笑你的雀斑，你哭了嗎？嗯，你是否想過那位女士被叫胖女人的感覺如何？」

* * *

如果這發生了

你的三歲、五歲與六歲的小孩同時在發出抱怨聲。「已經好了嗎？」「我能買口香糖嗎？」「這次輪到我去推車了。」

他們感覺到

「我們好無聊。」

不要說

「如果你們不能安靜下來，等一下我們一回到家，你們就會全部被隔離處罰。」

可以這樣說

你體認到孩子們疲倦了，而且你今天運氣很好停留了如此長的時間。你選擇不要心煩意亂，說明盡可能快速地結束行程，並且幽默地問：「誰要玩『我是間諜』偵探猜謎遊戲？」

* * *

如果這發生了

你的四歲孩子拒絕接受「不行」作為回答。「為什麼我不能買冰淇淋？你都不讓我買任何的好東西，Jordan 都可以買任何他想要的東西。」

她感覺到

「我感到嫉妒。」

不要說

你對你孩子所說的都以此為回應：「因為我說了算。」或者「誰說的，上一次我們逛街時，你吃了冰淇淋。」或者「我才不管 Jordan 得到了什麼。」

可以這樣說

你知道使用偏激的語言會讓你感到有罪惡感。你透過說：「我從未讓你買過任何東西嗎？」來要求澄清。

徹底思考 THINK IT THROUGH

重新建構

評估狀況：「我如何能改變我購物的習慣，可使親子之間的緊張變得較少？」

反思

為什麼你的購物行程是不愉快的？

_____

_____

_____

解決

你可以使超市購物行程變得有趣。你所需要的是一份計畫，用新方法去規劃一份你要用於購物行程的「行動」清單。

_____

_____

_____

羞怯
(*Shyness*)
「我應該感到憂慮嗎？」

我最年幼的女兒 Madison 在四歲大的時候，不論何時有不熟悉的客人來到我家，她總會躲在我的背後。她在整個用餐時間一直坐著，見到任何陌生人則把她的頭轉開。我不能把她帶到兒童活動中，因為她不會離開我的身邊。在生日聚會時，她拒絕離開我的大腿上。有好長的一段時間，我擔心她會有低自尊心。然而如今 Madison 是一位八歲又愛玩足球的外向孩子，事實上，她是全部男孩球隊中唯一的女孩。

羞怯的警訊

在學步的年紀之後，假如羞怯已經干擾兒童的意願或能力去參與活動，例如像生日派對與家庭聚會，你應該與你的小兒科醫師討論這種情形。害羞可能是焦慮、低自尊心或分離焦慮所產生的結果。

年幼孩子羞怯的原因有二：（1）人格特質：此將持續影響孩子全部的生活；或（2）對不熟悉環境的一般反應。對於有羞怯傾向的小孩，可用以下的方式讓他受到鼓勵，而在社會情境中感到較為輕鬆。

鼓勵，不要氣餒　父母最常問我有關羞怯小孩的一個問題就是：「我是不是應該勉強她去參與社交活動？」這答案很清楚的是「不」，你愈勉強你的小孩，她的反抗就會愈大。替代的方式是尊重她的害羞，與她談談她的感覺，讓她知道她不是孤獨的。從你自己的經驗中舉例讓她了解，然後以她自

己學習的進度，幫助她自己練習參與社交活動。在參與社交活動時早點到達現場，讓你的孩子有機會去適應社會環境，如果待在你附近可以讓她有安全感，那就讓她如此做。記住，害羞是她的特質之一，並不是缺點。在另一方面，也不要過度保護或過度放縱一位有羞怯傾向的小孩，你可能需要預防她免於感受焦慮或苦惱，然而，兒童是藉由挑戰的結果來克服他們的問題。

促進聯誼　一個羞怯的孩子可能需要幫助他促成聯誼。鼓勵你的孩子經常邀請朋友到家裡來，並且參與年齡相近的孩子們的活動。

Connie 是四歲大 Blake 的母親，她告訴我這個故事。我想要把這個故事與你們分享，因為它顯示出心胸開放的重要性。Blake 將要參加一個在活動結束前需要留宿一夜的夏令營。Connie 從未向 Blake 說起這件事，因為他是一個極端害羞的男孩，而他的母親知道如果告訴他，他一定不會去。但是 Blake 從他的諮商師那裡得知，諮商師說：「你一定要來參加，它將是很棒的活動。」Blake 竟然主動要求前往參加，這讓他母親非常驚訝。在過夜的那一晚，Connie 一直等著 Blake 打電話來叫她去把他接回家，但是她唯一接到的電話是一通熱情的電話：「晚安，媽咪，晚安，爹地，我要掛電話了，我們正在烤棉花糖。」

成為一位良好的傾聽者　在無威脅性的環境中，讓你羞怯的小孩多一點機會去表達他的想法，用餐時間做溫馨的分享是一個極佳的時刻，較年長的兄姊不應該被鼓勵代表害羞的小孩來發言。

不要給你的孩子貼標籤　避免貼標籤，因為這可以當作促成自我實現的預言，你的孩子可能躲藏在羞怯後面，並且使用它作為不要去參與社交活動的藉口。

> 性情內向與羞怯之間是有些不同的，有些人天生比其他人擅於社交。就個人而言，我是不喜歡社交的人，我自己就是個深居簡出的人，我喜歡待在家裡，做我正在進行的各項工作計畫，我天生就是

如此。這並不是我不喜歡有人作伴,只是我同樣地享受自我安靜的活動。雖然在社交場合中我感到完全地自在舒適,但是我仍然寧願待在家裡,而不是與朋友外出。有些小孩也是如此,但終究小孩在單獨自處與社交活動之間的時間安排上還是應做平衡調整。

開放些 與你的小孩討論她的害羞個性。你愈了解她的感覺及顧慮時,也就愈容易協助她去處理問題。

不要使用羞恥感。諸如「不要表現得像個嬰孩」的評論對孩子一點幫助也沒有。

隱私與羞怯間的差別 尊重孩子對隱私的需求,這早在出生後的十八個月就可能會出現。

作為本章最後的一個提醒,且為了每一位羞怯兒童,讓我重複一遍:羞怯是一種行為的風格,而不是一種缺點。你的害羞小孩是堅強又有能力的,惟有對她有信心,你才能夠幫助她在社交環境中達到較高安適自在的層次。

徹底思考 THINK IT THROUGH

重新建構
詢問:「我如何能幫助我的小孩克服她的羞怯?」

反思
· 想一想最近發生的當你小孩的羞怯成為問題之情形,你如何處理孩子的反抗或焦慮?

・你從這個事件中學到什麼？

・如果你能了解孩子的心思，有關你對她的羞怯做出的回應，她會
說些什麼？

解決

規劃一個策略來幫助孩子在社交環境中感覺較為輕鬆。

特別注意：允許你的孩子依照他自己的步調發展社交技巧，即使
它會讓你感到不安。

消瘦的孩童
(*Skinny Kids*)
打破迷思

吃、吃、吃——三個字，消瘦的小孩聽得太多了。許多父母把消瘦與營養不良劃上等號，並且感到壓力，而迫使他們的小孩多吃一些。然而，鼓勵消瘦卻健康的小孩，要她在不餓的時候吃東西，可能導引她產生飲食障礙或走上肥胖的傾向。對這些看起來消瘦且健康的小孩的父母，讓我們看看一些可能引起你憂慮的誇大觀念。

- 迷思：**我的小孩需要均衡的飲食** 期望年幼的小孩在每次用餐時，要吃所有種類的食物是不切實際的。取而代之，以週期平衡的思維來思考，只要你的小孩在一週的飲食中平均攝取各種食物，就是符合營養的需求。

- 迷思：**我的小孩需要維他命** 兒童應該從食物得到營養，首先，用食物滿足兒童基本營養的需要是容易的。其次，我強烈覺得不應該認為孩子需要一粒藥丸來保持健康。在提供孩子日常藥品的背後傳遞了什麼無聲的訊息？它告訴孩子們藥丸對他們有好處，而且訴說著：「你缺乏健康。」

- 迷思：**我的小孩需要喝更多牛奶，因為她吃得不好** 我知道你要說什麼：「我的女兒不好好吃東西，我給她額外的牛奶，這樣她至少可獲取一些營養。」這種想法導致喝得過量與食量不足的習慣。處理這個問題最容易的方法是減少牛奶的飲用量。

（建議：這個問題尤其常出現在仍依賴奶瓶的年紀較大之學步兒與學齡前兒童。如果你的小孩在兩歲後仍然含著奶瓶，我特別建議你給她斷奶的杯子。一旦你這樣做，她將吃得更好。）

- 迷思：他需要吃得更多　一個最普遍的錯誤概念就是：幼兒每天究竟要吃多少食物才能讓他茁壯成長。父母多半相信：孩子需要攝取食物的量應該比他實際需要更多，那是為什麼有 20% 的美國小孩體重超重的原因之一。年幼的小孩將會順從她的身體，當她不再飢餓時，就會停止進食。相信你的小孩，有關他需要吃什麼，他比你所想的更了解他自己。

- 迷思：瘦弱的小孩容易生病　一位體重不足的小孩並不會比較容易感染疾病、營養不足或缺乏維生素，他只是比較消瘦。當你覺得迫切要去督促你的小孩多吃一些時，試著將這些銘記在心。

- 迷思：鼓勵並不會造成傷害　我從未見過一個醫療上的問題是由消瘦所引起的，但是我的確看見因為食物爭戰所引起的情緒與行為問題。諷刺的是，鼓勵你的小孩多吃的最好方法是什麼都不說。在用餐時每個人愈放鬆心情，你的小孩愈可能逐漸改變他的飲食習慣。去年，Michael 的母親到我的辦公室，因為她認為她五歲的孩子太瘦了，她已厭倦了和兒子間的爭執，需要我幫她立下規則。當我評估與測量 Michael 的身高和體重，並標繪測量圖表，我們發現 Michael 成長一切正常，他的身高高於與體重的比例，並且他的重量增加超出正常值。他的母親離開辦公室後，對她小孩有關的飲食習慣決定不說第二句話。幾個月之後，當她與她的另一個小孩再到我的辦公室時，我問及 Michael 的飲食問題情況如何？她回答：「我需要拿出第二份抵押貸款來養他了呢。」很明顯，在這樣的情形下，少即是多。

採取「回應─能力」

經由澄清一些誤解的觀念，你應該能夠處理來自其他人員或家庭成員抱怨你的小孩太瘦的壓力。消瘦並沒有不好，那什麼是不好的？當大人逼迫孩子去吃，無可避免地就發展成親子間的權力對抗與緊張。雖然抑制需要很多的自我控制，但不要把小孩的飲食習慣放大成是個大問題，這是幫自己與孩子一個大忙。給她健康的選擇，然後相信她會去做正確的選擇。

解決46個常見的
親職教養問題

徹底思考 THINK IT THROUGH

重新建構

詢問:「我正對我孩子吃的問題施加不必要的壓力嗎?」

反思

任務:利用攝影機或錄放音機去記錄用餐的情況,重新播放一遍,將眼光集中在你身上,你看見什麼?

_____

你學習到什麼?

_____

提示:注意你與你小孩談論有關食物問題時所使用的正向及負向的方法。

解決

你是家庭的建築師。利用用餐的時間作為加強家庭成員間聯繫的機會,來築起深厚的感情基礎。

我計畫去

_____

_____

_____

嬰兒的睡眠議題
〔*Sleep Issues (for Babies)*〕
得到更多睡眠的實務指南

如果你渴望更多的睡眠，但是已經嘗試所有方法卻是無效，那麼，這些被嬰兒搞得筋疲力盡且受盡挫折的慈愛父母，他們犯的錯誤與你所犯錯誤或許如出一轍。你的嬰孩睡眠品質不是低劣；實際上，是你不經意地促使她每隔數小時醒來。很可能你已經被朋友、你的母親、婆婆和你的小兒科醫生的建議不斷地砲轟。他們告訴你在把她送上床之前，給她一些麥片粥、讓她哭得聲嘶力竭、在臥室留一盞夜燈、帶她上床，或要有耐心，因為這只是一個過程。這類建議通常無所助益，甚至可能使事情惡化。

夜裡醒來是十分正常的。事實上，當我們在淺眠狀態時，我們都會醒來，但透過例行性慰藉，使我們自己舒適得再入睡。例如：我用喜歡的姿勢捲曲著身體，重新調整我的枕頭，然後睡著。但是，如果你不知不覺地已經訓練你的孩子依賴你才能入睡，每當她一達到淺眠狀態時，她就需要你。藉由搖晃、餵食、歌唱、走動，或輕搖你的嬰兒入睡，你正保證她將從淺眠醒來，因為她養成了藉由這些方法才能再次入睡的習慣。本質上，你正教導她醒來。

你知道成年人平均每晚需要至少七個半小時的睡眠嗎？

我想要澄清一件事情：輕搖你的嬰兒入睡或在夜裡起來，安慰或者使她舒適並沒什麼錯，如果那是你想要做的。但是無論什麼原因，你若不想在夜裡起來，無疑你需要做一些改變。

目前有兩種訓練嬰兒睡眠習慣的方法：有些父母和專家相信，利用各種「哭得聲嘶力竭法」來訓練嬰兒學習單獨入睡。然而，那些贊成分享睡眠及家庭大床的，是以「共枕眠」方式著稱，這些支持者相信，一個嬰兒需要他父母緊挨在他身旁，才會感到有安全感。

對那些渴望更多睡眠，但又不想養成嬰兒因為哭而可以和他們一起睡的父母而言，我發展出一套簡單策略。

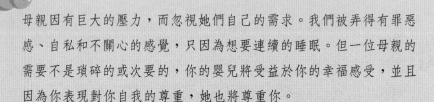

母親因有巨大的壓力，而忽視她們自己的需求。我們被弄得有罪惡感、自私和不關心的感覺，只因為想要連續的睡眠。但一位母親的需要不是瑣碎的或次要的，你的嬰兒將受益於你的幸福感受，並且因為你表現對你自我的尊重，她也將尊重你。

你知道睡眠剝奪與加速老化、高血壓以及糖尿病有關聯嗎？

 ## 成為一位睡眠顧問

Jane 和 Steve　每晚 Hal 打盹之前，他的爸媽會輕搖著他四十分鐘，不自覺的建立了他睡覺的壞習慣。起初，這不會有什麼問題。但是在 Hal 九個月大時，因為他太重了，他的媽媽抱不動，Hal 不知道有其他模式就寢，隨之而來的是好幾個月的挫折。

Helen 和 Rick　Helen 並不擔心讓九個月大的 Manny 在睡前哭一陣子，但是，Rick 卻無法忍受聽到他的小寶寶哭哭啼啼的。所以，在小寶寶哭鬧的第一時間，Rick 會衝進 Manny 的房間抱起她。有一年冬天，當 Helen 和嬰兒到南部探望她的父母時，發生令人驚訝的事情。祖母建議 Helen 介入前先讓小 Manny 哭鬧一會兒，看看她是否能自己睡著。令 Helen 非常驚訝的是，第一個夜晚和之後的每個晚上，Manny 咿咿呀呀且短暫蠕動後就睡著了。那意

味著 Rick 在她哭鬧時抱起她是一直在叫醒 Manny 的動作，而不是讓她好好的入眠。

Tanya 身為一位單親媽媽，意味著在夜晚是無人和她輪流照顧小孩的。因此，自從小 Susie 出生後，Tanya 就和她共睡一張床。但是，Tanya 擔心她會翻身壓到小孩，結果 Tanya 的睡眠是斷斷續續的。六個月之後，Tanya 體力不支，她公事上進度落後，且在家裡容易發脾氣。Tanya 感到「動彈不得」，她不再想跟 Susie 共枕眠，但她也不能忍受她的哭叫聲。

很多父母認為，孩子不良的睡眠習慣是階段性的，最後終會消失。但實際上，直到父母採取有效的措施鼓勵新的行為模式時，舊的行為模式才會逐漸消失。最近的研究顯示，有睡眠問題的學齡前兒童很可能有行為及學習的問題，因此我極力建議，請你及早處理這些問題。

身為幼兒母親的職業婦女，我必須務實地面對我的小寶貝有睡眠習慣困擾的問題，一如我認為你們也是如此。我想要給予我孩子所需要的全部疼愛和關注；但是，我絕對需要不受中斷的睡眠。下列指南將以既尊重孩子被慰藉的需要，又符合你要更多睡眠需求的方法，來幫助你讓你嬰兒的睡眠回到正軌。

年齡愈小的嬰兒，愈容易教她怎樣獨自入睡。我建議，一旦你的嬰兒的餵食習慣已建立，且她的體重正常增加之後，就開始訓練她的睡眠習慣。一般而言，你應該在兩個月大時就開始訓練。

要早一些，勿晚一點 在孩子幾乎筋疲力盡前，把他送上床是較容易的，因為他仍有些餘力可以較輕易的去應付分離壓力。如果你在疲倦的第一時間即啟動就寢機制，他就會比較沒有爭吵的入睡。

日夜顛倒 很多嬰兒在白天睡太久，而在就寢時間則是完全清醒的。但是最近的研究建議，如果給予嬰兒適當的訊號，他們能及早學習白天與夜晚之間的差異。你能透過誇大差異來做到：在白天，當你餵奶時和她說話、撫摸她、播放有活力的音樂、保持她的臥室明亮和鮮豔，及依其需要經常變更活動；在夜間，房間光線調暗、輕聲細語、勿在餵奶期間撫摸她、盡可能跳

過更換尿布，然後溫柔地把她放回床上。

建立慣例　嬰兒因每日的例行事務而茁壯成長，父母所做任何可使孩子的世界變得更可預測之事，都將有助於孩子獲得其能掌控生活事務的控制感。嘗試不同的機制，直到你找到一種可以讓你的嬰兒放鬆心情的機制，這可能意味著一次按摩、洗澡、講故事或餵食。（提示：別讓你的嬰兒在就寢的例行儀式中睡著了。）

張開大大的眼睛　在餵食和就寢慣例之後，正是想睡但半醒的嬰兒上床的好時機。如果她哭，而且這是很可能會發生的，輕拍其背部且輕聲細語說些使她安心的話：「噓，沒事啦，媽媽在這裡。」當她哭的時候安慰她，但她安靜時，則停止輕拍她，否則你只是將一個壞習慣換成另一個而已。平均而言，一個嬰兒要花費五到二十分鐘入睡。指引和支持她通過這個學習階段，她可以很快地學會自己睡著。如果她長時間放聲大哭，溫柔地輕拍她、輕搖她，或是唱搖籃曲，甚至給她一瓶牛奶，但是別讓她在你的懷裡睡著。

說真的，最大的挑戰是我們腦海裡產生的想法。很多父母對下列問題感到掙扎：「鼓勵我的寶寶獨立自主會傷害她嗎？」讓我向你再保證：獨立自主是一件好事。這不僅是因為給予你更多空閒時間，你將擁有更多的睡眠，而且增強自信。解決睡眠問題的真正第一步是：全心全意地相信你的嬰兒。大多數嬰兒生性堅強（只要瞧一瞧你自己的嬰兒照片，你將明白我的意思）。建立你的嬰兒有能力和夠堅韌的想法，你將傳達你對她有信心的訊息。

期望什麼　尤其是剛開始的前幾個夜晚，當你的嬰兒大哭時，你需要堅定、果斷，有耐力而不屈服。你的嬰兒會哭泣，儘管是你的再保證、輕拍、高度期望，事情在轉好之前，可能變得更糟。當你的嬰兒試圖說服你回復到舊的規律時，她可能更用力哭，且哭得更久。雖然你可能發現很難做到，但是如果你堅持久一些，你的嬰兒會另外找到新法子，讓她自己能舒適入睡。上述做法需要多久，將取決於你的孩子的年齡和性情。很多父母預期最糟的情況，但出乎意料之外，你會發現嬰兒們有多麼迅速地就能學習新的常規。

富於對話　在我的辦公室，我會向嬰兒或者孩子解釋我將要做的事情之

後再去執行，我認為這是一種尊重的表現。例如：當我檢查一個新生兒時，我喋喋不休的說：「現在，我將要檢查你的臀部，之後我將要用燈光照你的眼睛。」我繼續對話，彷彿嬰兒理解我的意思；我知道她不了解我的話，但是我聲音的音調充滿希望地傳遞安心。以相同的方式與你的嬰兒談論睡眠問題：「好了，甜心，現在是就寢時間，我知道你喜歡含著奶瓶入睡，但你很厲害，我知道你可以學會不吃奶瓶也能入睡。」如果你的嬰兒哭泣，讓她安心並說：「沒事的，你是一個堅強的嬰兒，我對你有信心。」

奶嘴懲罰 在我的經驗裡，一個奶嘴就像是個雙面刃，所導致的問題像它所解決的問題一樣多。當寶寶的奶嘴掉落時，含著奶嘴入睡的他將從淺眠狀態醒來，他入睡時不能沒有它，但他無法獨自找到奶嘴。你最好讓你的嬰兒不含奶嘴上床，並且完全避開這個陷阱。

停止夜間餵食 很多父母認為嬰兒在夜裡醒來是因為飢餓。依據美國小兒科研究院（American Academy of Pediatrics）報告，當你的嬰兒四個月大時，他應該能撐八個小時不用餵食。但如果你嬰兒的情況與美國小兒科研究院報告不一致，並且持續想要在夜間餵食怎麼辦？問問你的小兒科醫生，你的嬰兒是否營養足夠而不需要夜間餵食？實際上，大多數嬰兒因淺眠而醒來，且不知道沒有你相陪時要如何再次入睡。他們需哄著再次入睡，而不是填飽飢餓。當嬰兒淺眠時，幫助他學習如何確實再次入睡，當他開始蠕動時，給他一次機會使他能夠自我安適，勿衝進去。如果他不太能再次入睡，父母再走過去讓他感到舒適，但切記在他還醒著時把他放回嬰兒床，如此他才能獲得獨自入睡的經驗。

> 在我的照顧下，幫助很多嬰兒睡久一點的一個策略是：在你入睡前，多餵小寶寶一次，不要真正喚醒嬰兒，你應該要能安靜地餵他。

較大的嬰兒 去年我做一次非正式調查發現，在小寶寶十個月大之前，試圖改變其睡眠習慣，其中有 70% 的父母會成功。在此年齡之後，事情變得較難應付。從第一天起就在她父親懷裡入睡的較大嬰兒，我們真的能期望她在毫無某種程度的情緒激動或抗拒之下就改變嗎？如果我們自欺欺人，相信我們能輕而易舉地做到，那不就是讓我們自己造成了挫折和失敗嗎？對一個脾氣隨和的嬰兒、小天使而言，它可能不會太具挑戰性。但對大多數嬰兒而言，它將是更困難的。如果你心想：「我們能套用小嬰兒模式，依樣畫葫蘆嗎？」理論上，這是可以的。就事實而言，有你在房間裡陪伴，某些嬰兒會更緊張。但是對隨和的嬰兒而言，我早先探討的指南會是有效用的，你不需覺得會有牴觸，然而一個較大或生性剛烈的嬰兒則會抗拒改變。讓我們看看一些策略，這些策略可減緩轉換期並且讓哭鬧和壓力降至最低。

暖身 或許改變睡覺習慣最困難的地方，是我們正在同一時間嘗試「吸吮與吹氣」。換句話說，在清醒時刻，我們迅速回應嬰兒需要，但在就寢時間，我們不回應且鼓勵獨立性，這造成我們白天和夜晚習慣之間的混淆落差。若你將白天與夜晚常規之間差距最小化，你可使困難減到最少。我建議雙親先著手於建立嬰兒白天的獨立性，再來處理夜間的問題。因為很多父母認為獨立性等同於疏忽行為，所以他們很難抱持這樣的觀念。然而，所遺漏的是中間地帶的辦法：父母以能提供嬰兒機會去鍛鍊其獨立性的方法來回應嬰兒的需要。

實行五分鐘規則 當你指導一個較大嬰兒單獨入睡，給她五分鐘的實施間距。在就寢慣例後，把她放進嬰兒床。如果五分鐘後她仍然在哭泣，從嬰兒床上抱起她，並在你的懷裡安撫她，五分鐘在嬰兒床及五分鐘在懷裡，諸如此類，繼續做上述動作，直到你的嬰兒入睡。當需要進入嬰兒房間之前，你能延長或減少間隔時間長短。較大或生性剛烈的嬰兒會花費更長時間，但我想，這種轉換期對你而言可能比對孩子而言更為艱難。

將你孩子睡眠習慣的指導視為持續不斷的過程。例如：生病、長乳牙或度假之後的時間，你需要回到行為起點，並且再一次重新訓練你的孩子。

底線 無論你的嬰兒是否睡整夜，這與你的育兒技巧無關。如果重新指導你的寶寶睡眠習慣而導致你的緊張，請先喘一口氣，稍後再試。

我探討睡眠習慣時，一定要提及讓健康的嬰兒躺著睡的重要性，以降低嬰兒猝死風險。

迷思

「如果讓我的嬰兒含奶嘴，我就可以多睡一點。」

事實

直到三至六個月大的嬰兒才會發展出把奶嘴放在嘴巴裡的統合能力，在此之前的每晚你會起來很多次，幫小寶寶把奶嘴放回她的嘴裡。

* * *

迷思

「呵護我的嬰兒或給她奶瓶，是我讓她睡覺的唯一模式。」

事實

你的嬰兒可以改掉這個習慣，但需要有你的指導，才有可能發生。

記住：含著奶瓶睡覺可能導致嚴重蛀牙和耳朵感染。

* * *

迷思

「如果我讓嬰兒哭鬧，她的心靈將會受創傷。」

事實

焦躁不安的吵鬧聲和哭鬧之間有差異，稍待片刻再衝進去，先判定你的孩子是時醒時睡或焦躁不安的。焦躁不安的嬰兒可能需要你，但是，時醒時睡的嬰兒需要的是睡眠。

* * *

迷思

「嬰兒的最佳睡眠處就是與你共枕眠。」

事實

在《小兒科電子報》（*Pediatrics Electronic Pages*，美國小兒科研究院科學月刊《小兒科》的網路版）2000 年 9 月份的刊物有篇研究報導：研究人員警告父母，由於父母與嬰兒共枕眠，會導致發生窒息的危險性。在 1999 年秋天，美國消費者產品安全委員會基於窒息所引發的六十四起嬰兒猝死案例，警告父母與寶寶共枕眠有危險性。據我個人了解，有位保姆與嬰兒共枕眠，她睡著時，因翻身壓在嬰兒身上，最後導致嬰兒窒息而亡。

* * *

迷思

「如果我讓寶寶哭鬧，我將吵醒其他的家人。」

事實

嬰兒入睡之前，可能會吵鬧片刻。此外，除非你試一試，你不知道較大孩子，是否能在吵吵鬧鬧中睡著。

* * *

迷思

「嬰兒因為脹氣而清醒。」

事實

觀察到這個問題主要是因為氣嘟嘟的嬰兒與脹氣的嬰兒外表看來相同，除了後者會排氣而前者不會之外，他們二者都滿臉通紅並且雙腿上抬。脹氣嬰兒可能需要打嗝或更換奶粉品牌；氣嘟嘟的嬰兒需要安撫，但是他一旦被安撫下來後，需要機會讓他自己舒適地入睡。

我認為處理睡眠問題比處理任何其他問題更具壓力，或許除了處理每個人對於我們做錯什麼事和我們需要如何把事情做對的看法之外。處理自己的情緒就已經夠困難了，在處理情緒時還要能不為了防衛自己而去對抗別人就更難了。在處理需要表達自己看法的朋友或家庭成員時，可以說：「感謝你的建議，但讓我們接受對這件事有不同的意見。」

採取「回應—能力」

使用三個 R 讓你更了解你和你嬰兒之間的回饋迴路。如果你落實，你的獎賞會是你一夜的好眠和充分休息，以及相當滿足的寶寶。

對學前和學齡兒童睡眠問題的最佳預測是：兩歲以下的睡眠問題的歷史紀錄。換言之，你現在建立的睡眠習慣，效果可能持續到嬰兒期之後，且隨後影響孩子的行為。如果這不是讓你著手於睡眠問題的動機，那不知道還有什麼會是你的動機了。

徹底思考 THINK IT THROUGH

重新建構

深思熟慮:「我如何影響我寶寶的睡眠模式?」

反思

當你選擇使你寶寶睡覺的方法時,你也選擇隨之而來的結果。界定此項關係。

1. 習慣

_____

2. 結果

_____

3. 習慣

_____

4. 結果

_____

5. 我讓我寶寶睡覺的方法是

_____

6. 我以這種方法讓我寶寶睡覺,因為

_____

7. 我想

_____

8. 我感覺到

_____

解決

· 考慮周詳，你將以不同方式來執行。我計畫

_____

· 我選擇這個方法，因為

_____

· 最難的部分是

_____

· 我計畫處理這個部分，透過

_____

· 我想要

_____

· 我相信

_____

· 我知道

_____

特別注意：如果我有最好的方法可以結束有關讓你嬰兒睡覺的爭辯，我會這麼做，但是沒有一個正確答案。我能給予你的最佳建議是：豐富的資訊、檢視問題，且跟著隨你的直覺本能前進。

較大孩童的睡眠議題
〔*Sleep Issues (for Older Kids)*〕
得到更多睡眠的實務指南

突然之間，好像每個人都在談論睡眠充足的重要性，它的地位已經從奢侈品轉換成必需品。當今的研究證明：睡眠剝奪對身體、思緒、心理和靈魂有強大的負面影響，它導致憂鬱、易怒、健忘、不專心、焦慮、倦怠、交通事故和易生病。睡眠被剝奪的孩子可能經歷學習的問題和行為的障礙，例如：過動、任性、嗚咽哀訴以及脾氣暴怒。

> 筋疲力盡的父母等於一個疲倦的孩子。

　　最大的挑戰在於試圖找到孩子的舒適需求和父母的睡眠需求之間的平衡。像在前述章節所提及，在把一個年幼的孩子送上床並鼓勵他乖乖待在床上的議題，有兩個不同的思想學派，但是我知道很多父母們（包括我本人），這兩種方法都起不了作用。因此，我幫助父母們解決睡眠問題，為你孩子和為你本人採用相互尊重的一種方法。

 ## 晚安入門

　　建立慣例　孩子喜愛慣例和常規，這些能教導他期盼他做些什麼，並且使複雜的世界變得更可預測，就寢常規幫助孩子們減少活動及準備睡覺。首先，保持餐後活動的溫和，大約二十分鐘的洗澡時間、穿上睡衣褲、刷牙和說床頭故事，每晚重複相同的就寢前準備。若你堅持就寢時間，小孩的生理

時鐘將適應規律。若有需要，你能進一步採用這一種措施及做一張就寢海報，有步驟地說明你的小孩必須要做的睡覺準備，海報變成指揮的上司，這樣可以消除父母和孩子間的拉鋸戰。

就寢時間！ Maggie 的四歲繼女 April 經常在她的週末探訪時哭泣，April 拒絕待在床上並抱怨她想要回家。實在別無他法，Maggie 有時讓 April 躺在沙發上，問題是當 Maggie 把 April 抱上床時，孩子經常醒來然後半夜不睡覺。一般的經驗法則是，讓小孩睡覺的最佳時段是她疲倦時，而非過度疲勞。因為就寢涉及與父母分開且遠離開心和興奮，當孩子們擁有自己的判斷力時，他們更有能力好好處理這些需求。疲倦的早期跡象包括打呵欠、吸拇指或者其他自我安撫的習慣、協調失衡、嗚咽哀訴、頭暈及慢吞吞。爭吵、發怒、吵鬧、易哭和挑釁性玩耍等行為是表明你錯失目標了，當前最應該要做的事情是盡快送你的小孩上床。

> 太晚睡午覺可能干擾就寢時間。如果讓你的孩子早點上床是個問題，試著讓她早一點午睡，不要拖太晚。

由結束開始 如果你習慣陪在你的孩子旁邊直到他入睡，你考慮是否要在未來幾個月或幾年內仍然這麼做，要認知到與其日後要試圖破除一些壞習慣，不如一開始就輕易地避免建立一些壞習慣。

鼓勵轉銜物品 毯子及泰迪熊能提供幼兒很大的安慰，並且從孤單一個人轉變成有個柔軟溫暖的伴。

絕不帶著憤怒上床睡覺 這是我祖母的格言，儘管她的本意是鼓勵我們與孩子們解決彼此之間的差異，此相同哲學也成為我目前管理夜間睡眠問題的指南。我有一個案例，這個家庭最大困難是讓三歲的兒子 Tim 上床。依他們小兒科醫生的建議，除非他上床，不然就關上他房間的門，不要打開。可以確定的是，Tim 的父母覺得很不好，他們不喜歡使用這種強制手段，但是他們卻不知道該怎麼辦。

　　有時我們做事要先退一步才可能往前進。我了解到 Tim 對他的臥室有負面的聯想，這使得他上床睡覺的意願大打折扣。起初，我要求 Tim 的父母花時間在他的臥室裡陪他玩，並且勿將臥室當成暫時隔離的地方。逐漸地，Tim 停止將他的臥室當作不友善之地的想法，而我們的做法才能向前進展。其做法如下：

　　就寢紀律　讓我們回憶先前承諾要滿足孩子們的夜間需求，並考慮到我們能有尊嚴地做這件事，而且不會疏忽自己本身需求。透過使用「召回一次」原則開始：在你離開她的房間之前，給予你的孩子一個最後請求。問：「在我下樓之前，你有何需要嗎？你要去洗手間嗎？你想要一杯水嗎？要不要再親一個？」若給予機會，大多數孩子會要求某事。最後，幫助大一點的孩子，從你陪伴的安全感轉換到更大的世界，要求他挑選一個他最喜愛的地方在心裡想像，向他保證想像可以幫助他入眠。

　　如果他一直起床，該怎麼辦？　在你已經離開房間之後，你如何對誇張動作做出回應，將決定是否讓他們繼續。我建議 Tim 的父母，如果他跑下床，就應該平靜但堅定地握住他的手，重新指示他回到床上，簡明地說：「現在是上床時間。」不要相互擁抱、依偎或者親吻。第一個夜晚在 Tim 入睡之前，他溜下床十次，他的父母依我的建議去執行；第二天晚上他下床十五次；第四天晚上二十次。我已經叮嚀 Tim 的雙親做好準備，在他轉好之前，情況有惡化的可能性。實際上，他的行為是在說：「難道你們不會吼著叫我回到床上嗎？」在第五天晚上，Tim 很令每個人驚訝：在他入睡之前，他竟然安靜地在他的房間裡玩耍。試著行動吧！

☼ 睡眠詭計

　　讓我們檢視一下，父母們每天請我協助處理的一些問題。學習對我們的孩子有回應而不只是反應，是一門必修課，並且要讓父母能以有尊嚴的模式來表現。

問題點

「我的小孩不想待在床上。」

可能的原因

你可能針對他溜下床事件，用鼓勵的方式對他做出反應。

解決辦法

當你的孩子下床時，不要給她負面或正面的注意，用一種中立但堅定的語氣說：「回到床上。」

* * *

問題點

「我的孩子夜裡醒來，然後拒絕回去睡覺。」

可能的原因

可能有一些次要的好處值得你的孩子不去睡覺。

解決辦法

在半夜時不宜依偎、相互擁抱或親吻，以務實但尊重的模式處理夜間醒來。

* * *

問題點

「除非我陪著我的孩子，不然他就不睡。」

可能的原因

你的孩子已經學到你在他的旁邊陪著才能入睡；如果沒有你，他就感覺不對勁。

解決辦法

藉由給孩子空間來讓他知道你對他掌握情緒的能力有信心。有你的助力，孩子才會放棄這個習慣。

* * *

問題點

「當我呼喊就寢了，我的孩子們不理會我。」

可能的原因

當天午覺睡得太晚了嗎？你忽略疲倦的暗示嗎？另一方面，你可能給你的孩子一種可以不理會你的印象。

解決辦法

更早一點去睡午覺，留意疲倦的最早訊號，並且使用「聆聽的 A、B、C 與 D」的良好聆聽策略（參見第 134 頁「聆聽」）。

* * *

問題點

「我的四歲孩子整夜不肯入睡。」

可能的原因

思考當她醒來時發生什麼事，和她回去睡覺需要什麼，並且了解這是個問題。例如：如果你需要陪睡來幫助她入眠，這是需要改變的習慣。

📖特別注意：小心不要將一個壞習慣換成另一個壞習慣。

解決辦法

藉由協助她學會使用自我安撫的技巧入睡，重新訓練孩子整夜安眠。

如果孩子夜裡醒來，平靜地帶她走回她的房間，說：「該睡了。」並且略過熱烈的擁抱。前幾個夜晚你可能需要如此做很多次，但是大約第三個夜晚，她就會理解你的用意。

* * *

問題點

「沒有奶瓶，我的小寶寶不上床。」

可能的原因

你的孩子已經習慣拿著奶瓶入睡。注意：這種習慣可能導致嚴重的蛀牙和耳朵感染。

解決辦法

基於醫學理由，停止這種習慣對你而言是重要的，你的孩子需要學習沒有小道具入睡。

* * *

問題點

「我的孩子抱怨會害怕。」

可能的原因

透過你對他們的回應，而可能加深孩子的恐懼。如果孩子的恐懼干擾他的日常活動，或占據太多時間，與你的小兒科醫生討論此問題。

解決辦法

如果簡單的再保證是不夠的，告訴孩子你將在五分鐘後再來看他，如果他知道你會回來，他感受到較不孤單，多半在你返回之前，他就睡著了。

很多父母把安撫（placating）與撫育（nurturing）搞混了。安撫是
把孩子的東西給他，因此讓他不會生氣或不開心；而撫育的意義是
滿足他的需要。當父母把他們的精力投入撫育而非安撫，就較少有
睡眠的問題。

採取「回應—能力」

最後，我能給你的最好建議是：把能在夜晚好好休息當作是你生命中的
優先事情；整體上，你的家庭將會得益於此。無論如何，至少記得我祖母的
座右銘：「絕不帶著憤怒上床睡覺。」照著這個策略將會鼓勵你去理解孩子
的行為是天真無邪的，並且提醒你對自我控制和願景的需求。

徹底思考 THINK IT THROUGH

重新建構

思考：「我如何造成我孩子的睡眠問題？」

反思

· 認清哪些你正在做的是沒成效的工作，並且做些不同的事情。

· 使用頭字語 S-T-O-P 來釐清你這一端的方程式。

　1.*看見*：在你的腦海裡重演引起你憂煩的情境。
　_____

　2.*思考*：你的思想如何影響情境？
　_____

　3.*觀察*：退一步及注意你的肢體語言、說話語調和臉部表情。
　_____

4.*組合*：你的心理和情緒因素如何影響你的直覺反應？

_____

解決

讓我們使用回饋迴路來改變無效的行為模式。

1. 問題：我的四歲孩子每晚醒來並拒絕回去睡。

   我的反應是：我陪她一起睡。

   因果關係是：我孩子叫醒我，因她知道我將陪她一起睡。

   藉由改變我這一端的方程式，我可以從我的孩子那裡激發出一個不同的反應。

   之後，我計畫

   _____

2. 問題：

   _____

   我的反應是：

   _____

   因果關係是：

   _____

   之後，我計畫

   _____

建議：孩子受益於堅定、前後一致和清晰的指導方針。當你的孩子第十次起床時，他需要你來劃清底線。堅定不是忽視的表徵，反而意味著你有意願為孩子做最有益的事，即使你覺得很難做到。

寵壞和不寵壞
(*Spoiling and Unspoiling*)
鼓勵感恩的態度

自我測驗

· 孩子強逼你替他買東西嗎？

· 當孩子不順心時，他會與你爭辯嗎？

· 你為了避免不愉快場景而幫孩子買東西嗎？

· 孩子要求你為他們拿東西嗎？

· 你覺得自己像是一個傭人嗎？

· 由你自己親自來做，比要求孩子做事來得容易嗎？

如果你對上述任何一個問題的回答為「是」， 那麼你需要好好讀這一章節。

　　對很多父母親而言，大聲說「不」是超級複雜、甚至是不可能的。結果，有些孩子不論什麼時候凡是他們想要的他們都能得到，但是放縱的子女教養方式真正悲哀的是，最後會由孩子們付出代價。一個被寵壞的孩子或許與同儕團體相處困難，和成年人的關係很可能也有困難；更可悲的是，他的一生中可能都不會看到好事物的價值，因為對他來說這個裝半杯水的杯子總是有一半是空的。

關於寵壞的迷思

你不是在寵壞孩子，如果你：

· 當小寶寶哭時，抱抱他。

· 當學步兒請求時，走到哪就帶著他。

· 買玩具給孩子。

父母或許很難向孩子說「不」，因為……

· 他們對於讓孩子感到難過會有罪惡感。

· 他們想要被喜愛。

· 他們要避免發怒或發牢騷。

· 他們害怕剝奪孩子所愛的。

· 他們對做正確決策的能力感到不確定。

· 他們想要用和他們父母不同的方式來撫養他們的孩子。

　　這裡有一些指導方針幫助你學習說「不」，這是養育不受寵壞孩子的基本觀點。

　　說到做到　一點也不含糊的學習說「不」。如果你說「不」，而在五分鐘之後改變心意，你已經教導孩子可以糾纏不清或固執到底。

　　勿以「好嗎？」來結束　向孩子說「不」，你不需要感到歉疚，並且不需要孩子的同意。用「好嗎？」結束一個句子，就像是告訴孩子這個主題是可以開放討論的，在這種情況下你最好準備辯論。

　　同理心　你可以理解孩子的感覺而不退讓，例如說：「我知道你生氣，但現在是就寢時間，你不能太晚睡。」

使用更強的警覺。如果你對如何回應你的孩子有任何懷疑，捫心自問：「藉由退讓我能教導她什麼？」

勿討價還價　避免掉入需要承諾某物來交換合作的陷阱，討價還價教導你的孩子精明狡詐，最終將得不償失。

你不需要冗長的解釋　當你說「不」時，給孩子一個解釋不是壞事，但要簡短、簡單和適齡。如果孩子有好辯的傾向，不要為你的決策做辯護，只要讓他知道這件事情是不被開放辯論的。

買玩具不會寵壞孩子，但是如果只是因為孩子不接受「不」的答案而買玩具，那就會寵壞孩子。

不要互相扯後腿　不管父母們是否有共識，都需要支持彼此的決定，否則孩子將學會玩弄父母之中的一方來反對另一方。若你不同意另一半的看法，私下討論且擬定一個策略來化解你們之間的差異。這在不論雙親是否同住的家庭中都特別重要，每項決策都可能伴隨了複雜性和潛藏的意義。

不寵壞

父母們想要他們的孩子快樂和感恩，但是藉著鼓勵他們應享有權利的態度：「我有權利得到任何我想要的東西。」在不知不覺中增強他們的不滿足和負面想法。教導你的孩子感恩態度的方法，不是經由提供更多的注意、更多的時間或更多商品，而是透過設立更多的限制並且有更高的期望，來培養感恩的感覺。

尋找好事　藉由挪出時間聚焦於每天發生的好事之上，你就能培養孩子感恩之心。若我們教孩子注意到好事，他們會感到更愉快並有更積極的人生觀。在每天的晚餐時間，我習慣問我的孩子：「告訴我今天一天中，你所發

生最棒的事情。」現在我不再需要特別詢問，他們也會主動告訴我。

不只是有禮貌 透過教導孩子說「謝謝你」，你所做的不只是教導好規矩，你教他認知別人所為他做的事，而使他變得不那麼自我中心，並且學會尊重別人和具有同理心。

提高你的期望 教導孩子做家務雜事是為家庭做出貢獻且奉獻自己，你的孩子將向上提升（或者向下沉淪），皆取決你對他的期望。如果你教導孩子清理她自己所製造的垃圾，她將會做好；另一方面，如果你的孩子學會她能隨手丟下垃圾，且你將料理善後，那麼事情就自然會發生。孩子們必須學習投入來幫助家庭事務順利進行；像三歲小孩子可以被賦予正式的家事。相同的事情發生在召喚服務，一個普通場景是：孩子正在看電視且呼喚著：「媽媽，能給我一杯水嗎？」在你起身去拿水之前，捫心自問：「我正教導我的孩子什麼？」有些父母對鼓勵孩子學習獨立感到不舒服，他們感覺他們是疏忽或漠不關心，但一個孩子將受益於學到「自力更生」勝過「被服侍」。

身教 時時刻刻，我們的孩子從我們的身教學習最有用的教誨。如果你每日怨天尤人，你則教導你的孩子聚焦在問題表面，並且把他們自己看成是環境的受害者。但是如果你能克服問題，保持感恩甚至更樂觀，你天天都能感到快樂，而且幫助孩子享受人生。

採取「回應—能力」

雖然我們經常容易屈服於孩子的需求，但長期而言，對他們助益不大。當你了解設立明確界限的重要性時，你更能堅定立場，並且能以平靜和尊重的態度去執行。你要了解到：你正幫助你的孩子成為一個良善、感恩的人。

徹底思考 THINK IT THROUGH

重新建構

由問問你自己開始：「我如何寵壞我的小孩？」

反思

使用頭字語 S-T-O-P 來明瞭你這一端的方程式。

1. *看見*：在你的腦海中重現令你煩憂的情節。

_____

2. *思考*：我的想法如何影響情境？

_____

3. *觀察*：退一步並注意你的肢體語言、說話語調和臉部表情。

_____

4. *組合*：你的心理和情緒因素如何影響你的直覺反應？你需要做什麼調整，來協助你做更有建設性的回應？

_____

解決

使用下列的情境來設計新方法以解決老問題。

1. 你的四歲小孩想要甜筒冰淇淋，並且他拒絕得到「不」的答案。

   (1)你的直覺反應是

   _____

   (2)但是你停止這麼做，取而代之的是

   _____

2. 你的五歲女兒正在哭泣，因為她原本要求要喝香草奶昔，然而現在又改變主意想喝巧克力奶昔。

   (1)你的直覺反應是

   _____

   (2)但是你停止這麼做，取而代之的是

   _____

3. 你同意帶你的兒子去打保齡球，但他正在抱怨，因為你不允許他帶著朋友一道出遊。

   (1)你的直覺反應是

   _____

   (2)但是你停止這麼做，取而代之的是

   _____

運動與父母
(*Sports and Parents*)
毫無破壞的享受

你知道有 75% 的孩子在十三歲以前放棄他們喜愛的運動嗎？根據「全國年輕人運動教練協會」總幹事 Michael Pfahl 的研究，孩子放棄的首要原因是他們不再玩得開心。在此要心痛的承認，父母與這件事有很大的關聯。在 2000 年，全國體育協會官員記錄了超過一百件攻擊主審和裁判的事件。現在，雖說我不是運動專家，但是有關育兒的問題，我知道我所談論的內容是什麼，且我知道一項事實：父母親需要監控他們自己的行為，並且在公眾之前表現出更多行為上的克制。在 2000 年 7 月發生一個悲劇：Michael Costin 在指導一場曲棍球比賽時，被不滿的父母毆打致死。這個發生在邊線發飆的野蠻例子，促使大眾更警覺要教導合適的觀眾行為，不再從邊線叫喊、和教練打架、發牢騷或動手動腳。

本章節不是關於教導我們的孩子成為更好的運動員或者在運動場上出人頭地，而是有關父母學習公平競賽，以及知道如何支持孩子培養「勝不驕，敗不餒」的運動家精神。它是關於學習控制你的憤怒，勿讓憤怒控制你。

停止吼叫 詢問任何一位小孩，他對父母在邊線吼叫的感覺如何？你將得到相同的答案：「我憎惡它！」教練也有同樣感受，這是孩子們最大的尷尬，且感到困窘和生氣。用一名十二歲足球選手的話來說：「我的父母期望什麼？我已經全力以赴了。」來自邊線吼叫出的負面評論、羞辱或批評，對孩子只有傷害，而無任何激勵可言。來自觀眾席的評論應該是正面的或乾脆不予置評。

運動家風度 運動的部分功能是學習妥善處理挫折和沮喪。你能透過建立良好模範來予以了解。例如：如果其他對手隊打一場好球，大方地祝賀他們，且不用找藉口或指責己隊的守門員未盡力，嘉許所有選手，而非只有為你的球隊加油助陣。

學習冷靜下來 如果你發現你自己激動起來或在比賽中狂熱昏頭時，深呼吸一下。但無論你做什麼，不要對你的孩子、其他家長、教練或裁判吼叫，沒有任何理由可使這種行為變成是合理的。

激勵而非激怒 激勵你的孩子與過度施壓之間只有一線之隔，你對孩子的指導是否成了過度施壓，孩子的回應是最好判斷的依據。如果你的孩子不分享你對運動的狂熱，那麼就要重新考慮他的參與，不論你是否付錢買新的配備，我都不贊成逼迫孩子去運動。

指導而非批評 關於孩子的錯誤，不需要對他們做連珠炮似的評論。許多人有這樣的傾向：目光只聚焦在孩子的瑕疵，而忘記讚揚他們的成就。我首先承認我也曾犯過這類錯誤，我的兒子是一名超棒的足球選手，但由於某種原因，他在中場過後有心不在焉的傾向。多年前我會嘮叨 Max（這一招用了無數次）要專心比賽，有一天我才驚覺到我所做的事竟然是錯的！Max 需要的是激勵，而非批評。現在我將評論鎖定在正向、積極面，Max 可能不是下一個貝克漢，但他全力以赴的玩球而且樂在其中。

不要聚焦在輸贏之上 「不管比賽結果是輸球或贏球，最重要的是比賽過程。」還記得這句話嗎？藉由返回到這個信念系統，我們可以幫助孩子更多。

身教 即使我們不說一句話，我們的行為卻教導孩子很多正向和負向的課程。我的八歲女兒加入一個男生的足球隊（我們沒有發現她申請加入一個男生的隊伍），但她成為隊員且決定待在隊裡，這是不容易的（這裡我省略細節）。在她的上次比賽，我很驚訝地看到，那些指導隊伍的父親有系統性地忽略她的存在，甚至當她在有著大好空檔的球門前時，他們將球改傳給一個男孩。有其父必有其子嗎？身教的典範取決於你的建立，但願你能選擇做個好的榜樣。

注意你在邊線說些什麼！上週在我兒子的足球比賽場上，我聽到那些父母提出的一些評論：「打球時不要像個娘娘腔。」「我不是吃飽撐著來看你交白卷。」「移動你的屁股！」這樣的評論是失禮又無助益的。

停止逼迫　有時在隊上打球和在邊線看球之間的界線有些模糊，當父母成為他們孩子的影武者，輸贏則優先於孩子是否全力以赴或享受樂趣。因為你的孩子表現不佳，你會冷漠相待嗎？如果這樣的話，在你為下一場比賽做好準備前，檢查你的動機和期望。如果大多數孩子在十三歲前退出運動，何不有一個平衡的途徑，能夠兼顧「健康和樂趣第一，輸贏第二」？在這種場景裡，錯誤將會被鼓勵所取代，年輕人將會因他們的參與竭盡全力，享受樂趣而得到贊同，這樣的態度何嘗不是一種更大的成就？

我知道有些孩子佯裝受傷而到我的辦公室，因為我能讓他們從他們不接受「不」為答案的父母手中得到解脫。

採取「回應－能力」

好了，各位爸爸媽媽們，現在正是時候，讓我們吹哨子停止我們自己的行為，且停止把享受樂趣與需要贏球混為一談。

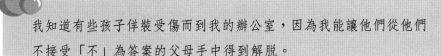

徹底思考 THINK IT THROUGH

重新建構

使用三個 R 來監控自己的行為，並且理解你如何安排順位。藉由詢問你自己：「在觀眾席裡，我的行為表現如何？」來幫助你通過第

一個階段。

反思

仔細想想在賽前、賽後和比賽期間你的正向和負向互動。坐在你旁
邊的其他父母,對你的行為會有何看法?

_____

解決

你的球賽計畫是什麼?安排一個策略,讓每個人皆是贏家。

_____

_____

口吃
(*Stuttering*)
提升自由的說話能力

．．．．．．．．．．

在年齡兩歲到五歲之間，每二十個小孩之中就有一個有口吃的問題。這些孩子中的75%，在不需要任何的幫助下就會停止口吃。

「我應該做些什麼？」

　　每個口吃的孩子都應該被轉介給語言病理治療師嗎？5%的小孩在他們童年時期的某些時間點會出現口吃，而大部分在沒有任何的介入之下就會停止口吃。你如何判斷一個孩子是否需要去語言治療師那裡就診？小兒科醫師在醫學院或他們住院醫師的訓練當中，並沒有花太多的時間學習治療語言或說話困難，這就是為什麼你會發現在轉介的形式上有極大差異的原因之一。我會轉介：（1）任何對說話感到焦慮的孩子；（2）孩子有口吃的家族病史時；（3）口吃持續超過學齡前的時期；（4）如果小孩口吃超過數個月。在這同時，你也可以幫助口吃的兒童很多事。以下是最有助益的態度和策略入門。

迷思：情緒問題導致口吃

最近的研究顯示：口吃的孩子和沒有口吃的孩子比較起來，他們的情緒問題並沒有什麼不同。

　　慢慢說　藉由示範慢一點以及放鬆的說話，你可以幫助你的孩子慢慢地說話。

　　回應前先暫停　你可以藉由在回應他之前先等幾秒鐘，來改變你孩子說話的速度。

　　停止干擾　讓你的孩子沒有干擾的說話，這樣將可以讓她自由的表達她自己。

著名的口吃名人

· 女星瑪麗蓮夢露（Marilyn Monroe）

· 英國首相邱吉爾（Winston Churchill）

· 歌手卡莉賽門（Carly Simon）

· 美國知名作家約翰厄普戴克（John Updike）

　　把時間放在一邊　在現今飛快腳步的生活型態，只有一點時間用來說話聊天。如果在一個放鬆的氣氛下給予孩子說話的機會，口吃的孩子將會變得更有自信。

　　不要比較　在有些家庭當中，孩子們相互較勁只是為了在話語上占上風。

　　不要代替你的孩子說話　如果你的孩子口吃，安靜地等待直到他把他的想法說完，不要代替他說。

　　要視線接觸　藉由和你的孩子維持視線接觸，你傳達這樣的訊息：「我對你試著要說的事情很感興趣。」

　　不要讓你的孩子處於困惱中　當你說：「告訴奶奶今天發生了什麼事。」你無意之間就把壓力放在孩子的說話上了。

　　聚焦在訊息上　聚焦在孩子嘗試著要說的事情上，而不是聚焦於他的口吃。

　　不要嘲弄！　把這個當作是你家中的定律。

　　不要要求你的孩子停下來並且從頭開始　這樣不但不會減緩焦慮，反而會增加孩子的焦慮。

練習流暢度 藉由讓孩子重複你說的句子來練習他的說話。

很多父母擔心：「我一定加諸太多的壓力在我孩子身上。」並沒有證據顯示壓力會導致口吃這樣的說法。

採取「回應－能力」

確定你會用提升孩子的自信和自由溝通的態度來與你的孩子連結。

徹底思考 THINK IT THROUGH

重新建構

問：「我怎麼做最能幫助我的小孩？」

反思

使用頭字語 S-T-O-P 來釐清你這一端的方程式。

1. *看見*：在你心裡重演令你憂心的情況。

   _____

2. *思考*：你的想法如何影響這個情況？

   _____

3. *觀察*：退一步觀察，注意你自己的肢體語言、聲音語調和臉部表情。

   _____

4. *組合*：你的心理和情緒因素如何影響你的直覺反應？

   _____

解決

通常父母會因為孩子每天所遇到的困難而責怪自己。無論如何，尊重你的孩子是一個獨立個體，代表著你體認到自己並不是他所有問題的根源，這在口吃這件事情上尤為如此。

現在，去除了愧疚感，你如何能夠對孩子的口吃做最好的回應？

_____

_____

_____

發脾氣
(*Temper Tantrums*)
什麼有幫助，什麼會造成傷害

．．．．．．．．．．

Sam 今天在我辦公室發了很大的脾氣。有一刻當他媽媽和我在談話時，他安靜地玩我的設備，但下一秒鐘他躺在地板上又踢、又尖叫、晃頭、用拳頭重擊而且想要扯下所有他抓得到的東西。他的媽媽繼續討論，只有停下一點時間跟我強烈保證：「不要擔心，再過一兩下子他就會安靜下來。」學步兒可以在上一秒鐘還完全快樂，而情緒突然轉變，在下一秒鐘變成不理性和歇斯底里。許多父母（不像 Sam 的父母一樣）用情緒化的方法來做反應，以及在兩方的過程中產生爆發性的衝突。藉由提供你精簡易讀的資訊和合乎時宜的建議，本章將協助你採取一些適當的控制（包含自我控制）。

☼ 「我做錯什麼事情？」

在氣頭上的時候，記得：發脾氣是因為小孩無法表達或壓抑他的情緒，這是不可避免的。當孩子的語言技能發展出來時，情緒爆發的情況就會消失，可以讓父母不用增強的方式來處理情緒爆發的事情。

> 迷思：孩子發脾氣是親職教育不佳的呈現。

雖然，偶爾的軟化是不可避免的，知道如何減少並處理它們是關鍵所在。如果你可以辨認出孩子在發脾氣前的身體語言、行為和生氣表達，就可以在事情變得更糟之前加以介入。如果你的小孩是個隨和的孩子，你所需要做的

可能只要重新引導她就足以安撫她的挫折；但是如果你的孩子是反覆無常的，那你將需要穩定的神經、一個清楚的觀點和一些謀略。

　　對初學者而言，理解發脾氣的無害將可使你做出溫和且有效力的回應。一個學步兒發脾氣時可能會說：「你是一個壞媽媽。」或「我在生你的氣。」然而讓學步兒免發脾氣的理由是和成人完全不同的。發脾氣是小孩跟你說：他是感到挫折的、生氣的、疲倦的、無聊的或是不知怎麼做的方法。

學步兒的發脾氣

它們不代表……	它們可能是……
我覺得你很壞。	我真的很沮喪。
我不喜歡你。	我已經受夠了。
我要惹你生氣。	我累了。
我試著要操控你。	我是挫折的。
我想要一個新媽媽。	我很無聊。
我不乖。	我不知道我想要什麼。

　　一個學語前的小孩，即使是一個會說話的孩子，都會用她的行為來表達。小孩子不會說：「媽媽，我很無聊，我需要改變場景。」她會感到焦慮不安、嘀咕和出現不當的行為。發脾氣表達了大量的訊息，成人會學習去傾聽和解釋一個語言發展前的孩子的行為，將可以協助他感到被理解並進而減少他的挫折程度。

　　我無意建議你應該替你的小孩找理由；也不是建議你因為他是疲倦的、生氣的或是無聊的，而忍受他的錯誤行為。你需要給予孩子同理而不是同情，意即你需要去支持但是並不降低你的期望。

　　發脾氣可能會是很激情的或溫和的、經常發生的或偶爾的、操控性的或其他，這些取決於你如何對其做反應。這裡並沒有一個可用於所有情況的方

法，以下這些策略將可以協助你：以不鼓勵它們的方式使發脾氣消除或轉移。

何時該預期脾氣的發生　你可能已經注意到，發脾氣似乎是在最不方便的時候會發生的事情，或是可能在最糟的地方才會發生。對於我來說，它們經常發生於當我在趕時間、在電話中、趕截稿日、在公開場合或是快遲到了的時候。知道何時該預期脾氣的發生是高度有效的方法，如果它沒有發生，你會喜出望外；如果它發生了，至少你不會疏於防範。對於不適合小孩或是具挑戰性的情況要事先思考並計畫如何分散孩子的注意力。

事先預防　當你要出去的時候，站在孩子的觀點來思考環境狀況並據此做計畫。Jamie，一個二十九歲的全職媽媽，總是帶著「急救包」——蠟筆、貼紙、小玩意和孩子喜歡的點心，以備不時之需。告知你的小孩關於你們將去哪裡的訊息和你期望他們如何表現，這麼做並不會造成傷害。著眼於做什麼而不是不要做什麼：「當我們到餐廳的時候，我想你可以著色或玩你的電動玩具，直到晚餐送上來為止。」

早點回應　找出挫折點並在事情失去控制前介入。我的先生和我有一個策略，就是在孩子們很開心的時候結束郊遊。就像喜劇演員 Jerry Seinfeld 所說的：在高點時離開。

符合實際的期望　許多的發脾氣是不適當的命令所引起的。雖然當你和老師談話時，你可能想要孩子安靜坐下來，但這不表示你的要求符合實際。你的期望需要根據孩子的性情、符合他的年紀，並且要是可行的。準備好可轉移他注意力的事物，並問自己：「我如何協助我的小孩安靜的坐著？」

不要懲罰　孩子不應該因為發脾氣而博得你的關注，但是更不應該得到懲罰。如果你因為抱怨在工作上得到了不公平的對待而叫你離開，你會做何感想？你會感覺到被誤解和怨恨。當我們懲罰一個小孩表現出自我的時候，我們就是扼止了他的聲音。在類似的情況下，你會需要或想要什麼？對大多數人而言，你可能會想要一個傾聽你說話並保持冷靜的人。

說什麼？　雖然沒有一個正確的方法去回應發脾氣，卻有些錯誤的方法。以下這些方法是在回應發脾氣時不要做的：

- **不要投降**　因為孩子發脾氣而屈服是最容易犯的錯誤。小心！如果你太常因此妥協，你的小孩可能會會故意發脾氣。

- **不要過度反應**　會生氣是很正常的，再怎麼說你也是人。但是如果你可以控制你和同儕或其他人相處時的脾氣，你對你的小孩也可以做到。

- **不要火上加油**　唯一不使發脾氣惡化的反應是堅定、清楚和持續的態度。咆哮、打人、賄賂、辯護、一下子有同情心一下子又生氣的表現和讓步等都是會獎勵發脾氣的反應（記得小孩喜歡正向的和負向的注意），並保證問題會再次發生。你和小孩要知道：你是能控制情況並能夠設定界限的。

- **不要懷恨**　當發完脾氣的時候，就讓它過去、不要討論它、不要回溯它或是提醒你的小孩關於這件事情。不要詳述它，只要往前進，懷恨的心會滋養生氣並導致更多與報復有關的發脾氣。

　　對於那些不管你多努力都會發生的發脾氣，下列的引導將協助你適當回應：

- **去除它**　沒有觀眾，發脾氣比較可能縮短其持續時間。你的小孩需要發洩，那是無妨的，但是不要無意間給予太多的注意力而增強他的行為。

- **帶出去**　當眾發脾氣是困窘的（且不可避免的），你知道每個人都在看，你也知道他們正在想著：「我的小孩絕不會表現出像那樣的行為。」即使發脾氣不是一種錯誤的親職標誌，但是旁觀者仍會對你有所評論。當你處理發脾氣時旁邊有觀眾，你不可能設定適當的界限。在發脾氣僵持不下前離開，帶著你的小孩去能保有隱私的地方。

- **處理問題**　要記住，有些發脾氣是因為勞累、過度刺激、無聊或是飢餓。如果是這些狀況之一，那就處理問題，而不是處理小孩。

- **越過怒氣的頂點**　每個小孩都是不同的。隨和的小孩會有短暫且被寬容的發脾氣；而正在鬧脾氣或缺乏彈性的小孩可能會變成「進退兩難」，且需要你幫忙他往前進。有些小孩則需要一個快速的擁抱或安撫以引導他轉換怒氣。

採取「回應—能力」

　　我喜歡告訴父母們，發脾氣就像是地面上的減速隆起物——無法避免但可被輕易處理掉的小障礙。可以確定的是，有些學步兒是較常發脾氣的人，而且有些成人會發現他們較容易神經緊張。但是無論發生什麼，你最能夠協助小孩的是保持你的聰明理智。我知道這不是個小的建議，但是我也知道這有些你可以做的事情，因為你是堅持做到最好的，否則你手上不會正捧著這本書。

徹底思考 THINK IT THROUGH

重新建構

思考：「我如何形塑我的小孩有愛發脾氣的傾向？」

反思

・針對下列的問題，回答是或否：

1. 我擔心我的小孩可能哪裡有問題，因為他的脾氣很極端。
　□是　□否

2. 有時候我給予我的小孩他想要的東西來避免他發脾氣。
　□是　□否

3. 我的小孩完全知道在公共場合發脾氣會讓我困窘。　□是　□否

4. 我脾氣不好。　□是　□否

5. 發脾氣使我身心俱疲。　□是　□否

6. 當我的小孩發脾氣的時候，我會抱著他，因為我相信他的行為反應未滿足的需求。　□是　□否

7. 我相信我的小孩利用發脾氣來得到他想要的東西。　□是　□否

8. 對於我小孩的發脾氣，我會教訓他。　□是　□否

9.當我的小孩發脾氣時，我無法去做我的事。 □是 □否

10.我太常屈服了。 □是 □否

· 分數：把上面你回答「是」的題項加起來。

0-3：你是個專家。

4-6：發脾氣是一個問題。

7-10：你墨守成規，一成不變。

解決

發展一個可以減緩情況的策略來避免和反應孩子的發脾氣。

💭提示：記得發脾氣到一個限度是不可避免的。

1. 我知道我的小孩脾氣快要爆發了，當

_____

_____

2. 當我發現這個情況來到的時候，我計畫

_____

_____

3. 如果我不能避免發脾氣，我將會

_____

_____

4. 我需要學習如何_____

_____

5. 我想我小孩的脾氣會緩和下來，當我

_____

_____

吸吮拇指
(*Thumb Sucking*)
孩子們會對此方法豎起拇指

我絕不會忘記：我帶我六歲女兒 Madison 去看齒科矯正醫生，醫生一開始就跟我的女兒說話，而不是跟我說話！我需要咬住我的舌頭以避免跳進去替她回答。當我停止防衛的感覺時，我開始聽到我女兒的答案，這可說是關鍵性的一刻：我理解到 Madison 有她自己的生活而不是延伸我的生活。我是如何在齒科矯正醫生的辦公室有了如此深切的體驗？當齒科矯正醫生詢問 Madison 是否曾經試著停止吸吮她的拇指，而 Madison 回答「是」，我則目瞪口呆。這對我來說是沒有發生過的，關於吸吮拇指這件事，Madison 會有她自己的感覺，因為我是多麼執著在我自己的感覺。

在幾個月之前，Madison 試著把拇指和其他手指一起用膠帶貼起來。我記得早晨當她下樓來吃早餐，她的右手整個貼了起來。我被 Madison 所惹惱，因為她浪費太多的膠帶，我要她在坐下來吃早餐前把膠帶撕下來。我沒有問她為何要把手貼起來，如果我當時有問的話，我就會發現 Madison 在學校被同學嘲笑並說她是「小嬰兒」，以及她真心想要停止吸吮她的手指。

因為 Madison 的吸吮拇指導致了她的蛀牙問題，齒科矯正醫師給她兩個選擇：（1）自己努力停止吸吮拇指；或（2）在她的嘴巴裡戴上設備讓她無法吸吮拇指。Madison 討厭這樣的裝置，所以她決定自己來打破這個習慣。而最讓人驚訝的事情發生了——在我們離開醫師辦公室的那天起，Madison 就不再吸吮她的拇指。

吸吮拇指的真相

自我撫慰　當我去診所照產前超音波時，我看到 Madison 在我的子宮內吸吮她的拇指。吸吮是嬰兒讓自己感到舒服的方式之一，這也是自然的發展階段。生活本身充滿了挑戰和壓力；雖然我們傾向認為這些是成人的情緒，但是嬰兒也會被每天的新經驗所轟炸，可以想像當一個小孩能撫慰她自己時所經驗到的舒適。當嬰兒發現他的拇指，以及吸吮它會給予他一種放鬆感覺的時候，他發現這是一個獨立的新階段。問題在大人傾向於予以介入，許多父母對於吸吮拇指有一個罪惡般水準的負面反應。我曾經看過父母走進我的辦公室時伴隨他戴著手套的嬰孩；以及其他人用膠帶貼住嬰兒的手，並且說：「壞壞」，然後把在他嘴巴內的拇指拉出來。這些反應影響了一個小孩吸吮的需求，並且剝奪了他一個有效的自我撫慰工具。大多數父母不鼓勵吸吮拇指的理由是：害怕小孩長大後會持續吸吮他的拇指，父母經常會接著告訴我，她自己是如何持續吸手指直到八、九歲，或甚至十歲。

大多數我經常聽到傾向於使用奶嘴的說法是：「奶嘴是你可以拿走的，但是你不能拿走拇指。」這是真的，但是這裡所未提到的事實是：約有三分之一的小孩在奶嘴被拿走後變成吸吮他們的拇指。

統計　吸吮拇指開始於嬰兒時期，這個行為會在大多數人的小孩中期消失不見。根據心理學家的說法，吸吮拇指跟情緒問題無關，也不是你小孩受到壓力的表示。大多數小兒科醫師相信，吸吮拇指跟小孩喝母奶的時間長短無關。依據統計的數據，在學前階段超過 30%的小孩會吸吮他的拇指，而大約 20%的小孩會持續到六歲的時候。

議題　當一個小孩超過六至八歲時還在吸吮拇指，會有兩個根本的問題。首先，這個年紀吸吮拇指的習慣可能會造成暴牙或是其他的咬合不良。有幾位齒科矯正醫師跟我確認門牙的問題不難矯正；然而，我會讓你依照你的牙

科醫師的建議，因為牙科醫師們有許多不同的意見。第二，當一個較大的小孩吸吮自己拇指的時候，父母會感到困窘，尤其是在公開的場合，而小孩所感到的困窘可能來自於他們的同儕叫他為「大 baby」。

☼ 「我如何讓小孩不再吸吮拇指？」

在我決定寫這本書之後，出版社編輯打電話給我。她辦公室的一位同事想要知道：如何讓他六歲的小孩停止吸吮她的拇指。我很遺憾沒能有一個祕方可以解決他的問題。但事實上是：你無法迫使小孩停止這種習慣（尤其當它是個舒適感確定的來源時），只有一個人可以做這件事，便是小孩自己。你可以改變你自己的行為，但是你不可以強迫你的小孩改變他的。如果你能以鼓勵改變來取代命令，你將省掉自己很多挫折和失望。讓我們使用三個 R 的策略來讓理論得以練習。

以 Sarah 和 Jack 為例，他們是以三個可愛的女兒自豪的父母。最小的孩子Emily是一個充滿精力的八歲小孩，她也會吸吮她的拇指吸到裂傷和出血。Sarah 和 Jack 問我：「你可以告訴 Emily 不要再吸手指嗎？她聽不進去我們的話。」我幫助Emily的父母理解他們不能強迫她改掉她的行為，我也不能。事實上，他們愈是批評 Emily，愈是讓她感覺到吸吮拇指的需求，這可用來放鬆衝突所造成的焦慮。我經常告訴父母：強迫小孩停止吸吮她的拇指，其所造成關係的傷害經常更甚於吸吮拇指對於她牙齒的傷害。

Sarah 和 Jack 可以採取哪些不同的做法來結束對抗，並帶來改變？當 Sarah 看到 Emily 吸吮她的拇指時，Sarah 會給予她的女兒一個「你將會有大麻煩」的眼神；而 Jack 甚至不知道他的話有多刺痛：「只有嬰孩會吸吮他的拇指，你這樣看起來很可笑，把你的拇指從嘴裡拿出來。」現在，我身為小兒科醫師的工作倒是其次──雖然我常被如此要求，更確切地說，我是在協助父母解決他們的問題。Sarah 和 Jack 值得稱許的是：他們變成更自我省察及更加注意他們這一端的天平。而 Emily 是否停止吸吮她的拇指？是的，她做到囉，但這是依據她自己的時刻表，在她準備好的時候。我不能斷言，但是

我猜想 Emily 吸吮拇指的時間會比她父母逼迫她的時間還長。很明顯地，如果 Emily 早點停止吸吮她的拇指的話，這對夫妻會很高興，但是他們更感激正向的改變他們和 Emily 之間的關係。比起他們因為 Emily 吸吮拇指所經驗的不安，他們所看到的是更遠、更重要的關係。

克服吸吮拇指

合作，不要強迫　當我理解我的女兒 Madison 渴望想要停止吸吮拇指時，我問她：「我可以如何幫助你？」她想了一下並說：「你可不可以提醒我不要吸吮我的拇指？」我們集思廣益，一起想到一些如何讓 Madison 的手離開嘴巴的實際點子。沒有什麼比通力合作的感覺更能震撼我的：Madison 學習到她可以尋求我的支持；以及我發現當她準備好時，她會願意接受我的協助。即使你的小孩沒有停止吸吮她的拇指，她也會學習一些重要的課程：她會知道可以將問題交在你的手中，你會相信和尊重她；但是一個最重要的課程是她學習到：她必須為自己的行為負責。

交易的策略　如果牙科醫師或齒科矯正醫師說你的小孩必須停止吸吮他的拇指，這裡有些這幾年下來其他的父母分享給我的策略可以參考，然而並沒有一個策略可以百分百有效──但是很難說，或許其中一項策略可以協助你的小孩。

・可讓你的小孩戴手套。如果他渴望停止吸吮拇指，手套可以當成是個提醒物，但這不是我會建議讓小孩對吸吮自己的手斷念的方法。

・使用一個彈性繃帶綁在手肘。從力學的觀點來看，當小孩不能彎曲他的手肘把他的手放在嘴巴裡時，會造成吸吮上的困難。

・用繃帶把拇指和食指綁在一起。

・對於女生，試著擦上有趣顏色的指甲油，這樣可以提供一個私密的提醒。

・試著拿拇指棒棒糖來套在拇指上（大多數糖果店都有在賣），這對我的女兒 Madison 是最有用的方法。

教導，不要教訓　不要假設你的小孩確定了解你想要他停止吸吮拇指的

原因。藉由教導他關於吸吮拇指會對牙齒的位置和健康所造成的影響來增強他的信念。

採取「回應─能力」

我承認最讓我氣惱的是奶嘴。和其他的錯誤比起來，奶嘴會剝奪小孩獨立和自我舒適的機會。或許你感到疑惑，讓你的小孩吸吮他的拇指是不是對的決定？但是容我問你，這到底是誰的拇指？

徹底思考 THINK IT THROUGH

重新建構

問自己：「我如何看待孩子吸吮拇指的習慣？」

反思

花一些時間思考：關於你和小孩對於吸吮拇指的正向和負向互動。

_____

_____

_____

解決

以你們站在同一陣線的方法來面對問題。我計畫

_____

_____

_____

如廁訓練
(*Toilet Training*)
沒有挫折的予以訓練成功

什麼是你現在的第一要務？你會想要訓練你孩子從容且和平地如廁嗎？或是你不計任何代價要快速訓練？如果為後者，我建議你跳過這一章，直接去買一本如何訓練你小孩一天完成上廁所的書。否則，讓我告訴你：如廁訓練是可以自然且平靜地產生。我保證你可以使你的小孩沒有爭吵、沒有不安，或是對你來說，你也不用花費巨大的力氣。關鍵所在便是「尊重」。

尊重意謂將你的小孩視為一個獨立、有他自己感覺、知覺和先後順序的個體。你可以想像如果有人壓迫你去做你不想做的事，你會如何想？我猜你會生氣和挫折，小孩也會有同樣的想法。父母決定如廁訓練的時間而不管小孩是否準備好或是否願意，如果小孩拒絕的話，他們會加倍嚴厲。我不認為父母是故意沒有同情心，或是不夠敏感；然而，無論有意或是無意的，結果都一樣：小孩感覺被暴力對待和不被重視。

訓練小孩上廁所要知道的七件事

1. 不要在孩子情緒和生理都未準備好之前訓練他。

2. 相信孩子，相信過程。當小孩開始在意獨立的時候，如廁訓練將會變成孩子的首要之事。

3. 在你開始如廁訓練之前，當孩子的尿布濕了時，他應該可以意識到，並能夠獨立從馬桶上站起來或坐下來。他的動作技能需要發展到他可以很容易完成每件事情，以及已經會自己穿上他的衣服。

4. 如果孩子拒絕如廁訓練，就先緩一緩。除非他先提起，否則在接下來的數週都不要提起馬桶。

5. 如果孩子不小心尿在褲子上，保持冷靜並說類似「沒有關係，以後再試看看」這一類的話。

6. 如廁訓練不只是發展和生理準備好，情緒議題和內在衝突會導致很多孩子裹足不前。如果你尊重孩子有他們自己的步調，你將可以不致讓自己太感挫折。

7. 如廁訓練不應該是用來取悅你的，這是孩子的成就而不是你的。

你可以為孩子的成功貢獻重要的元素：如廁訓練過程中的情緒環境。當你遇到任何一個障礙時，保持與你自己的內在對話，問你自己：「我在做什麼——正向還是負向？我需要用什麼不同的方式處理？」

如廁訓練成功的祕密

每個人都有關於小孩何時需做如廁訓練的觀點。有些父母和專家讓如廁訓練像新兵訓練營：小孩必須透過一個密集的計畫來執行，並期望在訓練期結束時就可完成如廁訓練。另一個極端的便是那些相信：當小孩在生理和情緒上都已經準備好的時候，他們將會完成如廁訓練而不需要成人的介入。如果這些觀點都可以在你身上和你家庭執行的話，就沒有改變的理由，但是如果不能執行的話，也不用擔心，我運用的常識方法是在這兩個極端之間。

「但是我的三歲小孩還在包尿布」

讓我們使用三個 R 來解決這個問題。有一位母親 Sheila，她的兒子決定要繼續穿尿布。當我問她：「你為何認為 Tommy 拒絕使用馬桶這件事？」她說：「我確定這是因為我做錯某些事情。」她抱怨：「如果他的小便盆擺在

浴室時，Tommy 根本就不會進浴室。」我已經認識許多像 Tommy 一樣的幼兒和他們備感挫折的父母。

解決這問題的關鍵便是重新建構問題。Sheila 著眼在所有 Tommy 的錯誤：「他不坐在馬桶。」「他大便在褲子上。」或是「當他需要大便的時候，他躲在一個角落。」藉由問她自己：「我是如何造成這些狀況？」Sheila 真正能夠改變的，便是她自己。她是位典型的壓力媽媽：她被從她朋友、家庭、網路和她的小兒科醫師身上所得到的衝突訊息所困惑。有時她是有耐心且以支持孩子的態度來回應大便拉在褲子上的意外：「不要擔心，我們都會犯錯。」然而，下一次她卻咆哮著：「你在搞什麼？」 Sheila 解釋她極力想完成 Tommy 的如廁訓練，主要是因為她為 Tommy 註冊的明星幼兒園不會接受穿著尿布的 Tommy。這個善意母親的不一致性及其難解的壓力對這件事毫無助益。

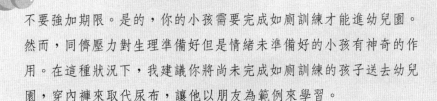

不要強加期限。是的，你的小孩需要完成如廁訓練才能進幼兒園。然而，同儕壓力對生理準備好但是情緒未準備好的小孩有神奇的作用。在這種狀況下，我建議你將尚未完成如廁訓練的孩子送去幼兒園，穿內褲來取代尿布，讓他以朋友為範例來學習。

反應自己的行為可以協助 Sheila 理解到：她在這熱過頭的如廁訓練中的責任。這並不表示她是問題的原因，反而使她認清她需要做哪些與負向態度不同的做法。對於 Sheila，這意味著認知和尊重 Tommy 的堅持，以及提醒她 Tommy 不是故意要和她作對的。

首先她需要做的事情便是停止給予Tommy壓力。他顯然還沒有準備好朝下一步移動，他的父母需要聽他藉著行為所說出來的話。這意味著要把小便盆收起來，雖然 Sheila 害怕做這件事，但是她在一個月中絕口不提尿布、馬桶或幼兒園。三週後，Tommy 開始抱怨他的尿布濕了，他會上樓把濕尿布脫下來放到垃圾桶，並從紙箱中拿出乾淨的尿布穿上去。這是他的說話方式：

「我不喜歡尿布濕濕的。」他的父母花了極大的自制力什麼都不做，也什麼
都不說。我建議 Sheila 等過一週後，再問 Tommy 是否想要使用馬桶。

「如果他說不呢？」Sheila 如此問，顯然擔心這個問題。

「你可以說『好，或許以後再用』。」我解釋道：「但是即使他說不，
也把小便盆擺出來，再看會發生什麼事。」

我想要 Sheila 和她的先生可以遵守小 Tommy 的引導，而不再使用其他的
方式。如果他的父母可以維持隨意的態度，Tommy 遲早會顯現出和其他小孩
一樣的興趣，以及當 Tommy 停止感覺壓力，他將會嘗試使用馬桶。當他成功
時他的父母讚美他，並同情他的錯誤。一旦他們理解可以再度形塑問題而不
需要使用武力策略時，他們將會更加愉快，變成更有自信的父母，而且更能
為其小孩代言。

一旦你的小孩已經可以純熟的處理如廁的細節，你的工作就是給予
他所需要（和想要）的獨立，你待在浴室外。

 克服障礙

問題
「我的小孩不願坐在馬桶上。」

加劇的因素
你可能施加很多壓力在孩子身上，太頻繁的提醒可能導致他退縮。

你需要做的是
緩一緩，直到孩子表現出他想再一次訓練的興趣。

* * *

問題

「我的小孩在保姆家會使用馬桶，但是她拒絕在家使用。」

加劇的因素

你的小孩對於取悅你感到衝突。

你需要做的是

把馬桶擺出來，但是不要鼓勵孩子使用它。避免說要像大女孩或大男孩之類的話。

* * *

問題

「我的小孩會小便在馬桶裡，但是大便在她的褲子上。」

加劇的因素

有些小孩對坐在馬桶上用力會感到不舒適。

你需要做的是

當孩子坐在馬桶上時，一個腳凳可以協助他感到安全；另一個選擇是，你可以在孩子有便意時為他準備一片尿布。

* * *

問題

「我的兒子已經完成如廁訓練，但是現在他經常有意外產生。」

加劇的因素

他可能對生活中的改變感到有壓力，例如新生兒到來、近期的搬家、一個新的保姆，或是家庭狀況的改變。

你需要做的是

如果你想壓力是主要的議題，提供孩子一塊尿布並盡量低調。否則，
去看你的家庭醫師以排除生理上的問題。

＊　＊　＊

問題

「我的兒子想要使用馬桶，但是他就是無法及時趕到。」

加劇的因素

你的小孩可能忽略了他要尿尿的訊號，因為他太忙著玩耍了。

你需要做的是

進入常規中。提醒你的小孩在每天同一個時間使用馬桶，小孩喜歡
遵從慣例。

＊　＊　＊

問題

「我的兒子知道如何使用馬桶，但是他還是想要使用尿布。」

加劇的因素

你的小孩可能對成長的過程有些內在衝突。

你需要做的是

尊重他的需求，而不要出現任何像「大小孩不能穿尿布」或是「尿
布是給小嬰兒穿的」的評論，取而代之的說：「沒有問題，這裡有
尿布。」

＊　＊　＊

問題

「自從我開始做如廁訓練後，我的兒子拒絕大便。」

加劇的因素

在如廁訓練時，便祕是很平常的。

你需要做的是

冷靜下來，這也是會過去的。在用餐時間，給予孩子足夠多的水和纖維，偶爾可能會需要軟便劑（參見第53頁「便祕」）。

* * *

問題

「我的媽媽說我應該在我的兒子兩歲時給予如廁訓練，但是他並不合作。」

加劇的因素

你可能太焦慮的想藉由「如時」的訓練你兒子上廁所來證明你是個好媽媽。

你需要做的是

如廁訓練的發生是依據你小孩的計畫，而不是你的計畫，早一點並不見得比較好。

* * *

問題

「我的兒子想要像他爸爸一樣站著尿尿，我可以怎麼做呢？」

加劇的因素

你的小孩愛他爸爸。

你需要做的是

這裡有個點子協助過很多的小男生：放一個食用顏料在廁所便盆內，
你的小孩現在有目標了。

*　*　*

問題

「我的兒子仍然在夜晚會尿床，雖然他已經好幾年在白天不會尿褲
子了。」

加劇的因素

這裡有兩個與在睡前攝取水分有關的對立理論：

1. 在睡覺前應該限制水分的攝取，因此膀胱可以儲存較少的水分過
   夜。
2. 在睡覺前增加水分輸入，以至於腦部能大聲且清楚的接收到膀胱
   已經滿了的訊息。

我建議你可以試這兩個方法，哪個方法最有用就用那個方法。

你需要做的是

不妨考慮白天和夜間的訓練是分開的。夜間訓練的發生是在你的孩
子生理上準備好時，並不需要你的努力──一般來說，大約在三歲
或更大的時候（參見第 37 頁「尿床」）。

採取「回應—能力」

學步兒透過行為溝通，當父母傾聽和觀察他們幼兒的話語、活動和臉部表情時，他們發現父母能夠依據他的需要做反應。當如廁訓練是一個問題，這意味著成人沒有聽小孩想說的話。小孩堅持不做如廁訓練是否表示他是頑固的孩子呢？不，這表示他沒有準備好。記住，你的小孩是一個獨立的個體，他有自己對於如廁訓練的順序和感覺，那是需要被尊重的。

徹底思考 THINK IT THROUGH

重新建構
思考：「我如何造成如廁訓練時的困擾？」

反思
下列所描述的問題，將會協助你理解如何造成如廁訓練時的困境。

1. 如果我的小孩意外的尿在褲子上時，我會說、我感覺、我認為

_____

2. 如果你的小孩要求要尿布的時候，你如何反應？

_____

3. 當你問你的小孩是否想要使用馬桶的時候，他如何反應？

_____

4. 你對你的小孩仍然在包尿布會感到困窘嗎？

_____

5. 為什麼你的小孩在這時就完成如廁訓練對你來說很重要？

_____

6. 如果我問你的小孩他對如廁訓練做何感想時，你孩子會說什麼？

_____

解決

決定一個以尊重來處理如廁訓練時的衝突之遊戲計畫。

_____

對於下列每個情境填入你會做的方式：(1)典型的反應為何？(2)在這情境中最好的反應為何？

1. 你的四歲小孩要求要包尿布。

    (1) _____

    (2) _____

2. 你的三歲小孩在你問他是否需要使用馬桶之後，就尿在褲子上。

    (1) _____

    (2) _____

3. 你的親戚告訴你：你的兒子應該可以做如廁訓練了。

    (1) _____

    (2) _____

建議：我鼓勵你要有耐心並表示支持，你的小孩正掙扎於複雜的認知與情緒議題中。

艱難時刻
(*Tough Times*)
當自己無法因應處理時，如何幫助孩子面對

* * * * * * * * *

什麼是艱難時刻？所謂艱難時刻是指當寵物死去，或是你所愛的人被診斷患有癌症，或當你的小孩有問題——生理的、行為的或情緒的——而且你不可能讓這些消失不見的時候。艱難時刻是當你的伴侶告訴你他要離開時、你被公司辭退、你流產了、被指控做錯事了，或是你所愛的人過世的時候。壞事情都會發生，而當它們發生的時候，父母親要能面對處理而不致精神崩潰。我們沒有暫時瘋掉的選擇，因為我們必須為了孩子們繼續前進。

不只如此，我們還要協助我們的小孩面對，雖然我們自己都快招架不住。前幾天，竊賊們使用一個鐵撬撬開我家的後門，強行進入我家，所幸沒有人受傷。但是他們偷走許多對我來說是很珍貴的東西（但對他們來說是沒有價值的），例如：一張我在我畫畫課為我祖母所畫的圖。他們偷走我的珠寶、家具，但最重要的是他們偷走我內心的平靜！我坐在那邊無法不去想像：這些可怕的人進入我的家中，翻亂我的抽屜，偷走我的過去、我的現在，以及我的未來。

但是我從這項經驗學到一些事情：我學習到我愈驚慌失措，我孩子的需要和要求就愈多。我需要一些空間而他們需要我；我需要安靜而他們需要說話；我需要改變而他們需要常規；我需要靜一靜而他們需要活動。當我們的內心破碎不堪時，做父母的我們如何維持生活的常規？

生活不會總是快樂的。我們都必須正面迎戰我們的困難，但是我們會在每個困難中成長茁壯。我已經學習到：我如何藉由處理我自己的害怕來協助

我的小孩處理他們的害怕。雖然我不能說我對痛苦心存感激,但我感激它所教導我的課程,並且讓我學習到有失必有得。當然每個人都有他自己的問題,而每個父母都有他們的解決之道。當然在不完全被擊潰之下處理生命中的挑戰,有些通則和方向會油然而生。

關愛自己 在飛機緊急事件中,空服員會告訴父母們先把自己的氧氣罩戴好,然後再照顧他們的孩子。理論是:如果父母不夠穩定的時候,她便不能協助她的孩子。當有情緒壓力的時候,道理也是一樣的。你需要花時間和空間來療癒。如果你給你自己更多的話,你可以有更多東西給你的小孩。

要符合實際 當情緒變化時,即使簡單的工作都會變成艱鉅的任務,這時便是專注於那些極端需要被處理的事,其他的事都可以之後再處理。

尊重你們的差異性 男人和女人處理壓力和疼痛的方式是不同的:女人需要說出來,而男生藉由更加努力的工作和保持忙碌來處理它。如果你錯誤的解讀你伴侶的應對策略時,你可能會認為他不關心或是不在意,因此感覺到沮喪和孤獨;而他可能只是需要把他自己的感覺放在一邊,以便能度過這一天。無論如何,當你尊重彼此的不同時,你們可以幫助對方度過每個艱難時刻,而沒有責罵、生氣或傷害。

正向對話 關於引起你悲傷的原因,你需要和孩子有一個開放的討論。如何告訴他以及什麼是你該告訴他的,將會依據問題的本質以及孩子的年紀而定。通則為:誠實是最好的方法,但這並不表示你需要告訴孩子所有痛苦的細節。

不要製造新的問題 當 Lori 的寶寶因為心臟缺陷過世的時候,她發現自己即使過了好幾年之後,還是難以堅定的對待其他三個較大的孩子。因此,孩子們學習到他們不需要聽媽媽的話,從此她在管教他們的時候,變得很困難。

尋求協助 這是讓朋友和家人投入的時間,試著倚靠他人。

預期需要較長的時間 大多數我們期望可以很快就復元,而且可以做回我們自己。但是療癒需要時間,不要想:「我應該可以應付得比現在更好。」只要相信未來和把握現在。

找到支持　跟其他父母一起討論，找一個支持團體，和其他有處理過艱難時刻的父母談談。當我所需要的支持不在身邊時，我會轉向藉著書籍來幫助我。

為什麼是我？　當災難來襲時，我們常常會想：「為什麼是我？」如果你就像其他我所知道的父母的話，你可能會去尋找怪罪自己的方法。但是這種自我毀滅性的方法，長期來說並沒有辦法幫助你。要避免想「為什麼是我」這樣的疑問，取而代之的是把你的精力放到如何使你復原。

回到慣例　常規可以讓你在極少的投入下發揮作用或是做決定。

不要立即做重大決定　在你不知所措的時候去做決定，是最糟糕的時機。當你在做任何會有嚴重或長期影響的改變之前，給你自己一些時間。

不要往那個方向去　我不知道你的情形，但是很多父母（包括我自己）會有很多不必要的焦慮，我常常會擔心可能會發生的事情。當我的家裡被竊賊闖入時，我擔心如果這件事發生的時候，我的小孩子在家裡，那會變成怎麼樣？我沒有辦法將這樣的恐懼趕出我的心中。好幾個夜晚我無法入睡的擔心著：那些沒有發生但可能發生的「假如」，讓我的想像力無限制的發展只會增加我的焦慮。不要浪費你的精力去擔心那些可能會發生的事情，這樣的做法會讓你自己和你身邊的人抓狂。

別把它加諸在你所愛的人身上　我不知道你會怎麼做，當我在感到壓力或煩惱時，我比較可能會和我的孩子有不一樣的意見，而這會增加我的麻煩，尤其是之後我常常會因為將自己的不安加諸在孩子身上而感到愧疚。用慈愛對待那些你所愛的人，這將會幫助你內心的痊癒。

當所有的事情並不是每一件都很順利的時候，為人父母是很不容易的，但在此時我們比其他時候更需要我們的孩子。「什麼時候吃晚餐？」或者「Jake 可以來我家玩嗎？」可以把沉溺在自己當中的我們拉回來，並且回到此時此刻。就算只是知道你需要去餵你的小孩，這樣就可以幫助你往前跨一步。儘管孩子們的要求是種重擔，就是這樣的力量可以拉住我們，讓我們回到當下。

採取「回應—能力」

問你自己：「我如何面對這樣的情況？我正教孩子怎樣去因應？」我的父親曾經教我有力的一課，我希望可以達到他的標準。當我正在寫這一段的時候，我的父親被診斷罹患癌症，我問他：「你怎麼能表現得如此冷靜？」他回答說：「我不希望你們之中有人擔心受怕。」我的父親在我們這段對話的一個禮拜後就過世了，而這就是他如何教我用恩慈來面對不幸的事。謝謝你，父親。

嘔吐

(*Vomiting*)

「她是故意這樣做的嗎？」

昨天我和一個活潑的四歲小女孩Belinda及她的父母諮商，因為這個小女孩在每天上床睡覺前都會嘔吐。顯然，她的父母如果沒有搖著她入睡，她就會一直哭泣直到吐出來。在我見到Belinda的時候，她把這場秀導演得非常好。以下就是三個 R 的理論如何幫助 Belinda 的父母處理這個問題。

徹底思考 THINK IT THROUGH

重新建構

問：「我如何造成我女兒睡眠時間的問題？」

反思

使用 S-T-O-P 的頭字語來幫助你專注在你的行為。

1. *看見*：在心裡重新播放導致你憂心的情況。「我縱容Belinda去逃避一個情境。」

2. *思考*：你的思考如何影響到你反應的方式？「我想，我不能讓Belinda 不高興，不然她就會嘔吐。」

3. *觀察*：退一步並且注意你的身體語言、聲音語調及臉部表情。「我皺眉表示不滿而且我處理得有些粗暴，因為要搖著哄 Belinda 入睡，對我來說她太重了。」

4. *組合*：了解你的情緒和心理因素對問題所造成的影響。「我對Bel-
inda 操控我感到生氣，我也氣自己允許 Belinda 來操控我。」

解決

當 Belinda 不高興的時候她會嘔吐，是因為她有著非常敏感的作嘔反
射。當 Belinda 嘔吐時，她的父母需要認知到：他們要堅定的設立界
限，並且盡可能的冷靜反應。這會傳達出一個訊息，那就是嘔吐並
沒有什麼好或壞。

最終，Belinda 的父母學到讓 Belinda 分心來避免嘔吐：「我看到你
正感到不開心，那我們來讀本書如何？」

斷奶

(*Weaning*)

如何不苛刻的讓孩子斷奶

雖然我的職業讓我成了一名嬰兒專家,而且我餵母奶,甚至從疼痛的乳頭、滲奶和被咬之下安然度過,但我從來不會擅自告訴其他的母親什麼時候讓她的嬰兒斷奶。這完全是個人的決定,雖然幾乎每個人對這件事都有他們個人的觀點。在搜尋過網路後,我很驚訝在這個議題上有那麼多不可思議的壓力加諸在母親們身上,難怪有那麼多的媽媽對於她們的決定需要一再確認,而這就是我切入的地方。

斷奶迷思

當我還是兒科住院醫師時,有人教我媽媽需要把她的胸部包起來不再餵奶,才能不再分泌母乳。然而,身為一個母親和醫師,我發現不這麼做反而會更簡單、更不覺得痛苦。取而代之的,我建議你把母奶吸出來,但是只要擠出足夠的量來減少壓力,你的身體就會得到要產生較少奶量的訊息。

在思考斷奶這個問題時,我學到了要從嬰兒的需要和母親的需要來考量。在我的經驗裡,斷奶並不是媽媽一時興起所做的決定,而且我不會質疑這個決定,若如此做——就好像是父母告訴我該如何執行醫療專業一樣。但是如果你不確定你該如何做?試著去考量什麼對你和你的嬰兒會是最好的,然後決定什麼對你的情況來說是對的。從可靠的資訊來源蒐集資料、考量你自己的意見,而最終要相信你自己——你知道什麼是最好的。

對我來說，把媽媽的需要當作首要的考量是很重要的，因為她所接收到的其他所有與新手媽媽角色有關的訊息都並不是這樣告訴她。

引入奶瓶

從母奶到奶瓶

對媽媽們來說，回到職場是斷奶或引入奶瓶最常見的理由。很多嬰兒會抗拒這樣的改變，而這對媽媽和嬰兒而言都會是壓力。一個能避免斷奶問題的方法就是：在嬰兒已經建立起喝母奶的習慣之後，偶爾給嬰兒用奶瓶喝奶。當寶寶的體重逐漸增加時，你就可以引入奶瓶而不必擔心寶寶會有奶頭錯亂的情形。要在寶寶兩個月大或三個月大就如此做，這樣會為你自己省下很多的煩惱。很多我認識的父母（包括我自己），一直等到要返回職場的前一個月或兩個月才開始引入奶瓶。當寶寶反抗時，這些父母會買市面上所有各種不同的奶嘴和奶粉配方，並且希望寶寶會接受。當引入奶瓶變成一種挑戰時，以下有些一般的策略可以嘗試。

- 讓其他的人用奶瓶來餵寶寶。
- 把母奶放進奶瓶裡。
- 將奶嘴放在熱水或冷水裡來改變奶嘴的溫度。
- 試著用早產嬰兒用的奶嘴。
- 不要一直試著使用不同的奶嘴，這樣會造成嬰兒的混淆。

從奶瓶斷奶

從奶瓶到杯子

依據你孩子的特質，斷奶可以是一個可以慢慢或很快發生的一個過程。

這裡有兩個基本方法：一個方法是慢慢的減少奶瓶裡牛奶的分量，直到小孩失去興趣；而另外一種就是直接把奶瓶拿去丟掉，就如字面上的意思──把它丟掉，一切就結束了。我彷彿可以聽到你們之中有人倒抽一口氣，但是對某些孩子來說，當他們知道並沒有談判的空間時，他們反而比較容易去調整和適應。

有個正向的態度　當我們想到斷奶，我們傾向把焦點放在奶瓶的處理，但是其中是否包含了使用杯子的成就？小傢伙們學習到如何使用杯子喝水，這代表著從吸吮到啜飲的改變，而這樣的成就是值得加以注意的。帶你的孩子一起去逛街，讓他自己選一個他所想要的杯子，然後在裡面放進他最喜歡喝的飲料，在吃飯的時候給他喝。如果你的孩子感受到你對他這項成就的重視，那麼他就會發現使用一個杯子是更有趣的事。

再見奶瓶　在我的經驗裡，大約十八個月到兩歲之間，是一個斷奶的好時機。如果你想要逐漸的讓你的孩子斷奶，那就慢慢減少奶瓶裡牛奶的分量。不要和你的孩子爭吵他是否可以使用奶瓶，只要慢慢減少牛奶的分量。如果可能的話，當你開始幫孩子斷奶時，讓他保持忙碌，因為很多孩子會要求使用奶瓶，主要是出於無聊。在這樣的情況之下，避免對你的孩子說可以或不可以，只要單單的轉移你孩子的注意力到另一個活動上，或者叫他出門去。最後，你就可以在不造成你自己或孩子痛苦的情況之下，完全的移除難題。

> 允許你的孩子含著奶瓶上床，是把他置於牙齒問題和耳朵發炎的危險之中。如果你的孩子需要含著奶瓶才能入睡，那你就有更多的理由去幫他斷奶。

有些嬰兒會對斷奶過程很有壓力，在這個情況之下，通常最好就是快速的讓這個孩子斷奶，以避免拖太長的時間。我曾使用這個方法在我四個孩子和其他到過我辦公室的小朋友們。我的丈夫和我還買了一個杯子蛋糕，並且在上面插上一根蠟燭，用以慶祝他們向奶瓶說再見。跟往常一樣，我確信我

的孩子有足夠的內在力量可以應付這些轉變,而且我一直告訴他們如果在接下來的幾天,當他們要求要奶瓶時,我會說:「我知道你想要你的奶瓶,但是你是一個堅強的孩子,我知道你可以向奶瓶說再見。」

鼓勵使用一個轉銜物品 你的小孩正失去一個用來自我安撫的重要工具,而他尚未發現一個新的方法來安撫自己,這是問題所在。在斷奶的過程開始之前,鼓勵他依附在一個可愛的物品上,例如:毯子、枕頭或填充玩具是合理的。

最大的錯誤 很多父母打電話給我說:「Cathryn醫師,我三歲大的孩子不願意放棄奶瓶。」這就是你與機會失之交臂的時候,你不能期望沒有你的啟動或增強,斷奶會發生。一個三歲大的孩子是不會願意放棄奶瓶的,因此,他需要父母的幫助。你可以期望你的孩子會哭著要奶瓶,並且準備好不認輸的處理這個情況。如果你相信孩子有能力可以處理斷奶所造成的壓力,那麼你會發現情況比較容易掌握。

一次一件事 不要試著同時要求你的孩子戒除奶瓶(或母乳)及安撫奶嘴。我們討論過很多關於從奶瓶斷奶的原則,同樣可以應用到安撫奶嘴的移除。你可以限制你的孩子什麼時候和什麼地點可以使用安撫奶嘴,並且當孩子發展出其他安撫自己的方法時,再慢慢增增加這些限制。有些孩子覺得這個過程壓力太大,最好的方式就是一次就解決它。

> 昨天有個四歲大的小女孩因為肥胖的問題來看診,結果是這個小女孩還在使用奶瓶,而且每天都喝下大量的牛奶。我藉著教這個媽媽如何讓她的女兒斷奶來幫助她,並且我向她保證她女兒自然而然就會喝較少量的牛奶。問題就這樣解決了。

就寢奶瓶 要打破這個習慣需要很大的決心,但是含著奶瓶入睡會導致牙齒問題和耳朵發炎。你可以判斷並決定哪個方法對孩子是最好的,千萬不要小看他。大部分的孩子可以做這樣的轉變,比你預期中更容易而且也更快。

採取「回應一能力」

孩子愈大就愈不願意放棄他的奶瓶，父母們通常會說：「他不肯放棄奶瓶。」然而這裡真正的問題是在大人。你要相信你有安撫孩子的能力，並且要對你孩子安慰他自己的能力有信心。使用三個 R 去確定你在這個情況上有正向的影響，並且發現如何給你孩子最好的支持。

徹底思考 THINK IT THROUGH

重新建構

當困難出現時，問你自己：「我如何使斷奶的問題出現？」

反思

・每個孩子都是不同的，而每個父母與孩子關係也是不同的。描述你在斷奶上所經驗到的困難。

_____

・現在從孩子的觀點來描述。

_____
_____

解決

你如何幫助你的孩子從母奶到奶瓶，或從奶瓶到杯子的轉換？

_____
_____

特別注意：愈大的孩子愈會對奶瓶產生依附，斷奶的過程就會有愈大的失落感也愈困難。

嗚咽哀訴
（*Whining*）
有尊嚴的去除嗚咽哀訴

當我們開了十小時的車程前往我們的假期度假地，我盤算著利用度假的時間開始寫新書的下一個章節。然而，從多倫多到紐澤西，在我為了抵抗我女兒 Madison 的嗚咽哀訴而防衛我自己之後，我認知到在兩個禮拜後我們回家之前，我極需要好好的處理這個問題。對 Madison（那天她並沒有感到十分的愉快）公平一點來說，她不是故意用嗚咽哀訴來惹我生氣，但是當她發現這招有效時，她就不願意停止。更糟的是，一旦其他的孩子們看到嗚咽哀訴有用時，他們立刻就對事情一件接著一件的嗚咽哀訴起來：「Marissa 不願分享她的音樂。」「Max 把所有的餅乾都吃完了。」「為什麼我們不能停下車呢？」「還要多久啊？」這件事的轉捩點出現在我認知到我是如何的增強這個錯誤的行為之後。在這一章，我將會討論你所需要用以結束這場嗚咽哀訴之戰的哲學和工具。雖然我無法保證你的孩子會立即停止嗚咽哀訴，但是我有信心這些策略將會很明顯的減少小孩的嗚咽哀訴。至少，你可以用抬頭挺胸和確定的態度來處理嗚咽哀訴。

☀ 在父母這一端的方程式

嗚咽哀訴是孩子用來達到他的目的的一種策略，這並不是說他不會為了其他的理由而嗚咽哀訴，但是嗚咽哀訴是孩子用來操控他人的有力工具。例如，你可能早已下定決心不在晚餐之前買冰淇淋給小孩吃，然而你放棄了，只因為你五歲大的孩子在嗚咽哀訴：「爸──爸──，我可以吃冰淇淋嗎？

為什麼我不能吃冰淇淋呢？上個禮拜你就讓 Jill 吃冰淇淋啊。」你今天過了疲倦漫長的一天，已經沒有精力去爭論。所以你就說：「好吧，但是下次就不能在吃晚餐前還吵著要吃點心，所以就不要再多問了。」過了幾晚之後，當你開車經過冰淇淋店時，你的小孩又問：「我可以吃冰淇淋嗎？上次你就有讓我吃冰淇淋。」再一次你為了避免爭吵，你又同意了。有很多無效的方法可以用來回應嗚咽哀訴，知道哪些是沒有效的和知道哪些是有效的同等重要。這裡就有些無效的回應例子。

「叫你做什麼就去做。」 在這個教條式的方法裡，父母使用害怕和威脅去迫使孩子表現良好。從父母的觀點而言，孩子應該學習去敬重權威並且聽他父母的話，而不需要重複說兩遍。父母擔心除非他訂下規矩，否則小孩可能長大會成為一個小搗蛋。然而，問題是當父母對嗚咽哀訴反應強烈時，反而讓孩子覺得有力量，因而造成嗚咽哀訴對孩子有更高度的吸引力。

「你知道答案為什麼是不嗎？」 當父母是優柔寡斷的，可能就會花很多時間去解釋為什麼他站在這個特別的立場。在現實中，他可能只是希望孩子可以讓步，所以他可以停止因為說不而產生的愧疚感。

「下一次，好嗎？」 這是一個很多父母都會犯的典型錯誤。當父母尋求小孩的同意來說不時，他們就保證了會出現口角。

「喔，好吧。」 這樣的父母不喜歡看到她的孩子生氣。媽媽可能開始的時候會翻白眼並且使用威脅的語調，但是因為孩子的嗚咽哀訴，使她覺得像個「壞」媽媽，所以她放棄了。

「拜託你停止嗚咽哀訴好嗎？」 我知道從一個感覺到筋疲力盡已經要放棄的父母口中常會得到這樣的反應。

> 當孩子嗚咽哀訴時，會讓父母感覺愧疚、絕望、挫折和無力。嗚咽哀訴愈早結束，我們就可以愈早覺得好過些。父母用認輸來結束嗚咽哀訴，同時也是為了去除這些不舒服的感覺。

「**好吧，你不必去上溜冰課。**」 這個媽媽感覺到很無力，因為她的女兒貶損她自己溜得不好，這裡可以看出家長是被孩子牽著走。

> 孩子們藉由嗚咽哀訴來達到他們的目的、感到有力量，或者因為他們累了、無聊、餓了或有壓力。每個問題都有不一樣的解決方法，所以在你反應之前花一點時間想想，為什麼你的孩子會嗚咽哀訴。

三個 R

Sally 住在多倫多，是一個三十二歲的玩具店老闆，我從她的三歲大女兒出生後就看著她長大，Sally 亟欲結束她女兒的嗚咽哀訴。每當甜美的 Rachel 哭泣時，Sally 就會感覺到挫折並且放棄。每一次她們來看診時，我會對 Sally 說：「當你對 Rachel 說不可以時，要有堅定的態度，並且停止感覺到愧疚。」但是每當 Rachel 嗚咽哀訴時，Sally 就感到非常痛苦。

我使用三個 R 的策略來幫助 Sally。我要求 Sally 去思考這個問題：「為什麼我一直向我孩子的嗚咽哀訴認輸？」這是一個比「為什麼 Rachel 不停止嗚咽哀訴？」更有效力的問題。藉由改變她的焦點，Sally 感覺到較為寬心——她不再試著去改變她的女兒。經由反省她自己的行為，Sally 認知到她傾向去屈服在 Rachel 的要求之下。她的行為所產生的結果就是 Rachel 學到用嗚咽哀訴的方法就可以達到她的目的，但是她的媽媽並不想要拉拔一個嗚咽哀訴者。要改變這個情況，Sally 需要對她這一端的反應承擔責任，因為她已經學習到她的行為持續並造就了她女兒的行為，反之亦然。

隔天，當 Rachel 嗚咽哀訴著想邊看電視邊吃晚餐時，Sally 說：「不可以。」Rachel 抱怨說：「我所有的朋友都可以邊看他們喜歡的節目邊吃飯，為什麼我不可以？」Sally 感到愧疚，又有了一時的念頭心軟要去改變她的決定，但是她已經下定決心要用不同的方式來處理事情。「我覺得很糟糕，」Sally 回想著：「但是我知道堅定的態度對 Rachel 才是最好的。」Sally 知道

她的愧疚感是強而有力的，她需要比好意還要強的理由來支持她不要屈服，尤其是當她飽受壓力或筋疲力盡時。Sally 需要一個計畫，她決定在回答 Rachel 的嗚咽哀訴之前，她會在心裡數到十，並且會利用幾秒鐘的時間來使自己冷靜下來。她測試了這個策略幾次，她發現十秒鐘太長了，她只需要忍住幾秒鐘就可以。那麼之後呢？學習去改變她的行為就像是學習一種全新的語言。當 Rachel 嗚咽哀訴時她會說什麼？Sally 想出了幾句話，並且在需要的時候使用它們。現在，她不再把她的精力放在改變她女兒的行為，取而代之的，她改變她自己處理事情的方法。這裡有另外一個例子：

「媽媽，為什麼我要洗澡？」小 Rachel 問道。

「因為你的頭髮髒了。」Sally 回答說。

「我可以明天再洗澡嗎？」

Sally 重複說：「現在是你洗澡的時間。」

「為什麼我不能明天再洗呢？」Rachel 問道。

Sally 想了想她要說的話，而她決定她並不需要給予解釋。取而代之的，她說：「你想要用什麼顏色的泡泡沐浴精？」

「我什麼都不要。」Rachel 嘟囔著說。在過去，Rachel 嘟嘴是保證她媽媽讓步的方法。Sally 想：「是的，當 Rachel 生氣時我感覺很糟糕，但那是我的問題。」

之後 Rachel 進入浴缸，帶著她那「喔，可憐的我」的臉，並且拒絕玩她的玩具。她的媽媽心想：「好，我感到很糟，但我可以處理。」她對她的女兒說：「寶貝，也許你不喜歡，但你一定要洗澡。」

採取「回應─能力」

當你依據對半準則來看嗚咽哀訴這件事，你會發現部分的問題是屬於嗚咽哀訴者，但是其他的是屬於接收端的那一個人。嗚咽哀訴和反應兩者同時形塑了問題，藉著看清你如何造成問題，你會變得更有力量。你不再需要試著去改變你的孩子，取而代之的，你發現藉由改變你自己，就可以重新塑造問題。

徹底思考 THINK IT THROUGH

重新建構

由問你自己開始：「我如何造成孩子嗚咽哀訴的傾向？」

反思

・我做了什麼讓孩子產生嗚咽哀訴是有效果的印象？

_____

_____

・從孩子的角度來看，嗚咽哀訴的代價是什麼？

_____

_____

・你對嗚咽哀訴的反應，讓你付出了什麼代價？

_____

_____

_____

解決

・我可以採取什麼不同的做法來傳達嗚咽哀訴不會有效果的訊息？

_____

_____

・更甚者，我如何使用嗚咽哀訴來教導我的孩子可以不高傲、不盛
氣凌人的面對他的需要？

_____

_____

_____

🖋建議：記得要用改變自己的方式，而不是改變你的孩子的角度來
思考。

最後的叮嚀

相信我，問題總是存在著，無論是好的問題、壞的問題，以及所有在這兩者之間的問題。它們可能比你所想像的還要難以處理，需要花費比你所預期的更長時間來處理，甚至比你所想像的還要更令你感到挫折。但是請你絕對不要放棄希望或停止嘗試，你現在擁有了你解決問題所需要的工具和人生觀，用你所學到的去讓你自己更有力量，並引領出孩子最好的部分，而且我向你保證——你的小孩也會引出你最好的部分！

參考資源

> 每一個問題都有一個解決方法，而每一個解決方法都伸手可及。

❖ 生氣

1. *When Kids Are Mad, Not Bad: A Guide to Recognizing and Handling Your Child's Anger*, by Henry Paul, M.D., Berkley Publishing 1999

   本書可以用來作為管理與了解孩子的生氣的指引。

2. *Hot Stuff to Help Kids Chill Out: The Anger Management Book*, by Jerry Wilde, Lgr Productions 1997

   兒童心理學家 Jerry Wilde 告訴孩子如何去管理自己的怒氣，而不要被它所控制。

3. *Don't Rant and Rave on Wednesdays! The Anger-Control Book*, by Adolf Moser, Landmark 1994

   本書旨在幫助較大的兒童減少生氣和行為管理。

4. *The Dance of Anger*, by Harriet Lerner, HarperCollins 1997

   Lerner 博士教導女性如何運用生氣，以至於在她們的生活及關係中造成正面的改變。

❖ 評估你的教養問題解決風格

1. *Team Spirited Parenting*, by Darlene Powell-Hopson and Derek S. Hopson, John Wiley and Sons 2001

   這是一本關於父母如何合力教養出適應力佳且行為優良的孩子。

2. *I Only Say This Because I Love You*, by Deborah Tannen, Random House 2001

   語言學家 Deborah Tannen 釐清為什麼我們過去的關係經常造成家庭成員的對話複雜化，並且教導我們如何增進溝通。

❖ **頂嘴**

1. *Backtalk: Four Steps to Ending Rude Behavior in Your Kids*, by Audrey Ricker, Ph. D., and Carolyn Crowder, Ph.D., Simon & Schuster 1998

   作者們教導父母以一種四個步驟的策略來回應而非反擊頂嘴。

❖ **尿床**

1. www.bedwetting-nkfonline.org

   全國腎臟基金會提供尿床相關資料。

2. The National Kidney Foundation 〔1-888-WAKE-DRY (9253-379)（僅於美國）〕

   全國腎臟基金會提供治療選項之建議。

❖ **爭競對抗**

1. *Siblings Without Rivalry: How to Help Your Children Live Together So You Can Too*, by Adele Faber and Elaine Mazlich, Avon Books 1998

   本書導引父母如何用幽默、熱情和理解去創造平和的手足關係。

2. *Preventing Sibling Rivalry: Six Strategies to Build a Jealousy-Free Home*, by Sybil Hart, Ph.D.

   透過本書可以用來提升強健而且友愛連結的步驟。

3. *Beyond Sibling Rivalry: How to Help Your Child Become Cooperative, Caring, and Compassionate*, by Peter Goldenthal, Owl Books 2000

   本書是以了解孩子的需求為基礎,討論可以使家庭關係更為放鬆的方法。

4. Sports Illustrated for Kids (www.sikids.com/sportsparents/psychology)

   對於如何處理手足在運動上的抗衡具有洞見的評論。

❖ 咬人

1. *No Fighting, No Biting*, by Else Homelund Minarik and Maurice Sendak (illustrator), Harper Trophy 1978

   四到八歲適讀：有關像是兩個小孩子般兩隻鱷魚的迷人故事。

❖ 便祕

1. *When You've Got to Go!*, by Janelle Kreigman, Spotlight 2000

   四到八歲適讀：本書是用來教導孩子去傾聽身體告訴他們何時要上廁所。

❖ 哭泣

1. *101 Ways to Soothe a Crying Baby*, by Jim Peinkofer, Contemporary Books 2000

   給新手父母，尤其是有肚腹絞痛寶寶的好書。

2. *365 Ways to Calm Your Crying Baby*, by Julian Orenstein, M.D., Adams Media 1997

   一本用來使父母和寶寶能冷靜下來，或至少能讓你大笑的書。

3. *Why Is My Baby Crying? The Seven-Minute Program for Soothing the Fussy Baby*, by Bruce Taubman, White Hat Communication 2000

   幫助你如何了解寶寶的哭聲，並予以適當回應的建議實施計畫。

4. *Secrets of the Baby Whisperer*, by Tracy Hogg and Melinda Blau, Ballantine Books 2001

   如何解讀以及明瞭嬰兒的非語言溝通，並且據以回應。

❖ 管教困境

1. *Secrets of Discipline*: *Twelve Keys for Raising Responsible Children*, by Ronald Morrish, Hushion House 1998

   有智慧又普及的管教方式。

2. *How to Behave So Your Children Will, Too!*, by Sal Severe, Ph.D., Viking Press 2000

這本書教導父母如何改變他們的行為，而非聚焦在孩子做錯了什麼。

3. The National Parent Information Network (www.npin.org/links)

這個網站提供了與兒童健康及發展有關的廣泛且可靠的連結。

4. Parentsoup (www.parentsoup.com)

一個整合性的父母實用網站。

5. Parents' Place (www.parentsplace.com)

另一個給父母的優良網站。

6. www.canadian-health-network.com

提供可靠的健康資訊。

7. The American Academy of Pediatrics (www.aap.org)

這個網站提供與健康、發展及行為議題有關的政策和研究。

8. The Canadian Pediatric Society (www.cps.ca)

本網站提供最新資訊的可靠來源。

9. Medscape (www.medscape.com)

與健康專業有關的內科資訊與教育網站。

10. www.generalpediatrics.com

這個網站有網路中的一般兒科觀點，是實證研究的好來源。

❖ 離婚

1. www.divorceasfriends.com

一個前離婚律師教導父母：如何在離婚後仍然維持朋友關係，甚至可能挽救其婚姻。

2. www.divorcesupport.com

這個網站主要提供成人具有價值和整合性的離婚相關訊息。

3. www.divorcecentral.com

這個離婚中心提供幫助、支持與資訊。

4. www.divorcemagazine.com

給 X 世代的離婚雜誌。

5. *Helping Your Kids Cope with Divorce the Sandcastle Way*, by M. Gary Neuman, Random House 1999

   一本具同理心的基本指引：如何離婚而不傷害孩子。請讀本書！

6. *Parenting After Divorce: A Guide to Resolving Conflict and Meeting Your Child's Needs*, by Philip Stahl, Impact Publishers 2000

   Stahl 博士幫助父母避免犯離婚夫妻常犯的錯誤，以及了解離婚對孩子的影響；他也引導父母如何解決他們的差異，以避免對孩子造成傷害。

7. Parents Without Partners

   401 N. Michigan Avenue

   Chicago, IL 60611-6267

   312-644-6610

   www.gocrc.com

   這是一個非營利機構，致力於單親家長及他們孩子的權益。

8. Children's Rights Council

   220 I Street N.E.

   Suite 230

   Washington, D.C. 20002-4362

   www.gocrc.com

   202-547-6227

   CRC 致力於爭取離婚家庭中孩子的權利。

❖ **情緒的維他命**

1. *Children Learn What They Live*, by Dorothy Law Nolte, Workman Publishing 1998

   書中提供用來建立正向價值的激勵原則。

❖ 害怕

1. *Keys to Parenting Your Anxious Child*, by Katharina Manassis, M.D., Barron's 1996
   專家對如何了解及回應你孩子焦慮的建議。

2. *Some Things Are Scary*, by Florence Heide and Jules Feiffer (illustrator), Candlewick 2000
   三歲以上適讀：以創意及再保證的態度來面對孩子們的害怕。

❖ 髒話

1. *The Berenstain Bears and the Big Blooper*, by Stan Berenstain, Random House 2000
   四到八歲適讀：熊媽媽如何處理在餐桌上出現的髒話。

❖ 撞頭

1. *I'm Frustrated (Dealing with Feelings)*, by Elizabeth Crary, Parenting Press 1992
   四到八歲適讀：一本教導孩子們用不同的方法去處理挫折的書。

❖ 需要高度關注（精力充沛）的嬰兒和孩童

1. *Raising Your Spirited Child: A Guide for Parents Whose Child Is More Intense, Sensitive, Perceptive, Persistent, and Energetic*, by Mary Kurcinka, HarperPerennial Library 1992
   本書提供已經證實的策略和支持，教導父母如何養育「難教養的」孩子。

❖ 干擾

1. *How to Talk So Kids Will Listen and Listen So Kids Will Talk*, by Adele Faber and Elaine Mazlich, Avon Books 1999
   作者們教導父母如何和小孩們溝通，以及如何使家中的關係較少壓力，並變得更有意義。

❖ 介紹新成員

1. *Loving Each One Best: A Caring and Practical Approach to Raising Siblings*, by Nancy Samalin, Bantam Books 1997

   本指引可讓你一無困難地養育兩個、三個或更多孩子。

2. *And Baby Makes Four: Welcoming a Second Child into the Family*, by Hilory Wagner, Avon Books 1998

   本書引導父母如何經歷家庭的改變及挑戰。

3. Big Kids Preparation Classes

   大多數的醫院及生產中心會提供課程給新生兒的手足，可聯絡你所在的地區醫院以取得更多的資訊。在網路上有許多提供此類課程的個別及私人組織，可在任何搜尋引擎中輸入「Sibling Preparation Classes」找到。

❖ 嫉妒

1. *Preventing Sibling Rivalry: Six Strategies to Build a Jealousy-Free Home*, by Sybil Hart, Free Press 2001

   本書教導你如何創造一個不嫉妒的家庭的策略。

❖ 抱怨

1. *Feeling Thankful*, by Shelley Rotner, Millbrook Press 2000

   四到七歲適讀：本圖畫書引導孩童去辨認以及感激發生在他們生活中的美好事物。

2. *The Thank You Book for Kids: Hundreds of Creative, Cool, and Clever Ways to Say Thank You!*, by Ali Lauren Spizman, Longstreet Press 2001

   九到十二歲兒童適讀的書。

❖ 謊言、小謊、欺騙

1. *10-Minute Life Lessons for Kids: Fifty-two Fun and Simple Games and Activities to Teach Your Kids Trust, Honesty, Love, and Other Important Values*, by Jamie Miller, HarperPerennial Library 1998

    藉由遊戲和活動來教導正向原則。

❖ 聆聽

1. *What Did I Just Say?: How New Insights into Childhood Thinking Can Help You Communicate More Effectively with Your Child*, by Deborah McIntyre and Denis Donovan, Owl Books 2000

    作者們教導父母如何更有效的與孩子們溝通及增進關係。

2. *Setting Limits: How to Raise Responsible, Independent Children by Providing Clear Boundaries*, by Robert J. Mackenzie, Prima Publishing 1998

    介紹如何可以不使用鐵腕策略而能夠設下明確的界限。

3. *Tired of Yelling: Teaching Our Children to Resolve Conflict*, by Lyndon D. Waugh, M.D., Pocket Books 2000

    著名的家庭心理師 Lyndon D. Waugh 為更和平的居家生活所提供的解決之道。

❖ 醫藥

1. www.babiesrus.com

    很多精巧的藥物分配器可在網路中找到。

❖ 髒亂的臥室

1. *Organizing from the Inside Out*, by Julie Morgenstern, Owl Books 1998

    如何克服阻礙並變得有條理？本書將會幫助大人處理他們自己的髒亂，藉由如此做，可為他們的孩子設立一個良好的典範。

2. *Max Cleans Up*, by Rosemary Wells, Viking Children's Books 2000

四到八歲適讀：這本有趣的書籍將會使你對孩子們的髒亂報以微笑，並更具敏感度。

3. *Simplify Your Life with Kids*, by Elaine St. James, Andrews McMeel 1997

本書是關於如何簡單化你生活中的一個或兩個領域，以提升你的時間品質及家庭關係。

❖ 惡夢與夜間驚恐

1. *The Monster Bed*, by Jeanne Willis, Mulberry Books 1999

四到八歲適讀：本故事是關於一個害怕人類的妖怪，這是一本與就寢時害怕有關的趣味書。

2. *Monsters in Your Bed...Monsters in Your Head*, by Rainey Freidman, Dream Dog 2000

四到八歲適讀：這是一本幫助孩子克服就寢時害怕的圖畫書。

❖ 體重過重與潛在的問題

1. www.kidshealth.org

NeMours 基金會提供與孩童健康及福祉有關的資訊。

2. *Fat-Proof Your Child*, by Joseph Piscatella, Workman Publishing 1997

本書提供與飲食及運動有關的均衡策略和實用解決方法，幫助你和你的孩子維持身材。

3. *American Academy of Pediatrics Guide to Your Child's Nutrition*, by William H. Deitz, Villard Books 1999

一本對孩童營養與飲食習慣的指引。

❖ 挑食者

1. *D.W. The Picky Eater*, by Marc Tolon Brown, Little Brown & Co. 1995

四到八歲適讀：這是一本會讓你發笑的挑食圖畫書。

2. *I Will Never Not Ever Eat a Tomato*, by Lauren Child, Candlewick Press 2000

三到八歲適讀：這是一本將輕鬆注入到食物大戰的童書。

3. *Eat Your Peas*, by Kes Grey, DK Publishing 2000

四到八歲適讀：意志之戰結束於一個詼諧的和局。

❖ 嘟著嘴臉

1. *Let's Talk About Needing Attention*, by Joy W. Berry, Scholastic 1996

從嬰兒到學齡前兒童適讀：本故事是關於一位年幼的孩子如何學習以正向的方法來得到別人的注意，並分辨正面和負向的注意。

❖ 權力爭鬥

1. *Kids, Parents, and Power Struggles*, by Mary Sheedy Kurcinka, Quill 2001

作者教導父母如何避免和他們的孩子爭鬥並且產生連結。

2. *Try and Make Me!*, by Ray Levy, Ph.D., and Bill O'Hanlon, Rodale Press 2001

用七個步驟來改變困難行為及態度的親職問題處理方法。

❖ 爭吵

1. *Raising Respectful Kids in a Rude World: Teaching Your Children the Power of Mutual Respect and Consideration*, by Gary McKay, Ph.D., Prima Publishing 2001

教導父母如何重建家庭中的一般性禮貌與尊重。

❖ 你可能會遇到的學校問題

1. www.chadd.org

注意力缺陷過動症兒童與成人（CHADD）的官方網站。

2. www.ldanatl.org

美國學習障礙協會（Learning Disability Association of America）是一個非營利

性的組織，致力於爭取學習障礙兒童及成人的教育與利益。

3. *Normal Children Have Problems, Too*, by Stan Turecki, Bantam Doubleday 1995

本書幫助父母了解並處理孩子的情緒問題。

4. *Playground Politics*, by Stanley Greenspan, M.D., Perseus Press 1994

本書可以讓父母更了解幼稚園以上孩子的心靈。

5. *Dreamers, Discoverers, and Dynamos: How to Help the Child Who Is Bright, Bored, and Having Problems in School*, by Lucy Jo Palladino, Ballantine Books 1999

心理學家 Lucy Jo Palladino 指出：哪些是她稱為有愛迪生特質的孩子——有著早熟的心智和靈魂，卻在我們的教育系統中表現欠佳。

6. *Going to School: How to Help Your Child Succeed*, by Sharon Ramney and Craig Ramney, Goddard Press 1999

這是一本整合性的書籍：對於如何為你孩子的上學做準備，以及如何給他最好的支持。

❖ 拒絕上學

1. *Benjamin Comes Back*, by Amy Brandt, Red Leaf Press 2000

四到八歲適讀：一個關於如何對應分離焦慮的安撫故事。

❖ 分享

1. *Mine!*, By Kevin Luthardt, Atheneum 2000

四到八歲適讀：這是一本與分享有關的圖畫書。

2. *Me, Myself, and I: How Children Build Their Sense of Self, Eighteen to Thirty-six Months*, by Kyle Pruett, M.D., Goddard Press 1999

Pruett 醫師幫助父母了解孩子的人格發展，以及如何去引導孩子成為最好的自己。

❖ 購物規則

1. *It Worked for Me!*, by *Parents Magazine* (editor), Griffin Trade 2001

這是一本蒐集了全美國父母所曾經試過及確實有效的想法及解決之道的書。

❖ 羞怯

1. *The Shy Child: Helping Children Triumph over Shyness*, by Ward K. Swallow, Ph. D., Warner Books 2000

這是一本給家中有羞怯孩童的父母的指引。

2. *How Kids Make Friends: Secrets for Making Lots of Friends, No Matter How Shy You Are*, by Lonnie Michelle, Freedom Publishing 1997

六歲以上適讀：幫助孩童交朋友的資訊性趣味指引。

3. *Buster: The Very Shy Dog*, by Lisze Bechtold, Houghton Mifflin 1999

四到八歲適讀：Buster 如何克服害羞以及發現他的自我價值與自信。

❖ 消瘦的孩童

1. *American Academy of Pediatrics Guide to Your Child's Nutrition*, by William H. Deitz, Villard Books 1999

一本關於孩童營養與飲食習慣的指引。

❖ 睡眠議題

1. The National Sleep Foundation (www.sleepfoundation.com)

這個非營利性組織致力於增進大眾對睡眠的重要性之警覺。

2. *Sleeping Through the Night: How Infants, Toddlers, and Their Parents Can Get a Good Night's Sleep*, by Jodi A. Mandell, Ph.D., HarperCollins 1997

兒童心理學家提供了就寢的實用做法，以及增進睡眠習慣的直接方法。

3. *Healthy Sleep Habits, Happy Child*, by Marc Weissbuth, M.D., Fawcett Books 1999

一個卓越的兒科醫師提供確保良好睡眠習慣的詳盡做法。

4. *Sleeping Like a Baby*, by Avi Sadeh, Yale University 2001

Sadeh博士建議了廣泛的實用解決方法，用來處理從嬰兒到年幼孩童的睡眠問題。本書獨特的指出：並沒有一個方法可以適用於所有的兒童身上。

5. *Solve Your Child's Sleep Problems*, by Richard Ferber, Simon & Schuster 1986

這是一本處理一到六歲孩童的一般睡眠問題的實用指引，是根據 Ferber 醫師在波士頓醫院的兒童睡眠疾患中心擔任主任時的研究所寫。

❖ **寵壞和不寵壞**

1. *How to Say No Without Feeling Guilty*, by Patti Breitman, Broadway Books 2001

本書將會幫助你在孩子及自己的生活中設下界限。

❖ **運動與父母**

1. Parent Association for Youth Sports (PAYS)

1-800-688-KIDS

這個組織致力於教育，以及激勵運動型的父母為其子女提供安全並有意義的運動經驗。

2. www.monsteam.com

這個網站是給媽媽們與兒童運動有關的資源。

3. www.nays.org

這個組織幫助父母及兒童聯盟，一起為孩子提供最好的運動經驗。

4. www.positivecoach.org

這個組織引導父母如何為孩子提供一個愉快的遊戲經驗。

❖ **口吃**

1. 以下的網站提供了可靠的建議給家中有口吃孩子的家長。

The National Stuttering Association (www.nsa.org)

The Stuttering Foundation of America (www.stuttersfa.com)

The National Center for Stuttering (www.stuttering.com)

The American Speech-Language-Hearing Association (www.asha.org)

The National Stutterer's Hotline （美國、加拿大）(1-800-221-2483)

The American Speech-Language-Hearing Association (1-800-638-8255)

2. *Ben Has Something to Say: A Story About Stuttering*, by Laurie Lears, Albert Whitman & Co 2000

   四到八歲適讀：本書幫助口吃的孩子們知道他們並不孤單。

❖ 發脾氣

1. *The Chocolate-Covered-Cookie Tantrum*, by Deborah Blumenthal, Clarion Books 1999

   嬰兒到學齡前適讀：這本圖畫書表現出幼兒的強烈情緒。

❖ 吸吮拇指

1. American Academy of Pediatric Dentistry (www.aapd.org)

2. The American Academy of Orthodontists

   401 North Lindbergh Boulevard

   St. Louis, MO 63141

   314-993-1700

❖ 如廁訓練

1. *Potty Time*, by Guido van Genecten, Simon & Schuster 2001

   這本書聚焦於：一個學步兒（不分性別）在學習使用馬桶時所可能經歷到的情緒。

2. *Parenting Guide to Toilet Training*, by Anne Krueger and *Parenting Magazine* (editor), Ballantine Books 2001

一個由《親職雜誌》中所提供放鬆且有效的如廁訓練方法。

❖ 艱難時刻

1. *When Children Grieve*, by Leslie Landon Matthew, Ph.D., HarperCollins 2001

   這是一本幫助孩童面對死亡、離婚、失去寵物、搬家及其他壓力來源的手冊。

❖ 嘔吐

1. *Easy to Love, Difficult to Discipline*, by Beck A. Bailey, Ph.D., William Morrow & Co 2000

   一個解決行為問題的有力方法。

❖ 斷奶

1. *How Weaning Happens*, by Diane Bengson, La Leche League International 2000

   這是一本用愛來斷奶的指引。

❖ 嗚咽哀訴

1. *Whining: Three Steps to Stopping It Before the Tears and Tantrums Start*, by Audrey Ricker and Carolyn Crowder, Fireside March 2000

   這是一本結束嗚咽哀訴的簡明指引。

國家圖書館出版品預行編目資料

解決 46 個常見的親職教養問題——小兒科醫師的叮嚀
／Cathryn Tobin 著；李姿瑩等譯. --初版. --
臺北市：心理，2009.08
　面；公分. --　（親師關懷；36）
譯自：The parent's problem solver: smart solutions for
everyday discipline dilemmas and behavioral problems
ISBN 978-986-191-289-9（平裝）

1. 親職教育　2. 子女教育　3.育兒

528.2　　　　　　　　　　　　　　　　　98012244

親師關懷 36　**解決 46 個常見的親職教養問題**——小兒科醫師的叮嚀

作　　　者：Cathryn Tobin
校 閱 者：李姿瑩
譯　　　者：李姿瑩、廖雅惠、鄭裕峰、張倉凱、高麗鳳、傅寶真
執行編輯：林汝穎
總 編 輯：林敬堯
發 行 人：洪有義
出 版 者：心理出版社股份有限公司
社　　　址：台北市和平東路一段 180 號 7 樓
總　　　機：(02) 23671490　　傳　　真：(02) 23671457
郵　　　撥：19293172　心理出版社股份有限公司
電子信箱：psychoco@ms15.hinet.net
網　　　址：www.psy.com.tw
駐美代表：Lisa Wu　　tel: 973 546-5845　　fax: 973 546-7651
登 記 證：局版北市業字第 1372 號
電腦排版：辰皓國際出版製作有限公司
印 刷 者：辰皓國際出版製作有限公司
初版一刷：2009 年 8 月

讀者意見回函卡

No. _____   填寫日期：　年　月　日

感謝您購買本公司出版品。為提升我們的服務品質，請惠填以下資料寄回本社【或傳真(02)2367-1457】提供我們出書、修訂及辦活動之參考。您將不定期收到本公司最新出版及活動訊息。謝謝您！

姓名：_____　　性別：1□男　2□女

職業：1□教師 2□學生 3□上班族 4□家庭主婦 5□自由業 6□其他____

學歷：1□博士 2□碩士 3□大學 4□專科 5□高中 6□國中 7□國中以下

服務單位：_____　　部門：_____　　職稱：_____

服務地址：_____　電話：_____　傳真：_____

住家地址：_____　電話：_____　傳真：_____

電子郵件地址：_____

書名：_____

一、您認為本書的優點：（可複選）

　　❶□內容 ❷□文筆 ❸□校對 ❹□編排 ❺□封面 ❻□其他____

二、您認為本書需再加強的地方：（可複選）

　　❶□內容 ❷□文筆 ❸□校對 ❹□編排 ❺□封面 ❻□其他____

三、您購買本書的消息來源：（請單選）

　　❶□本公司 ❷□逛書局⇨_____書局 ❸□老師或親友介紹

　　❹□書展⇨____書展 ❺□心理心雜誌 ❻□書評 ❼其他_____

四、您希望我們舉辦何種活動：（可複選）

　　❶□作者演講 ❷□研習會 ❸□研討會 ❹□書展 ❺□其他_____

五、您購買本書的原因：（可複選）

　　❶□對主題感興趣 ❷□上課教材⇨課程名稱_____

　　❸□舉辦活動 ❹□其他_____　　　　（請翻頁繼續）

| 廣　告　回　信 |
| 台 北 郵 局 登 記 證 |
| 台 北 廣 字 第 940 號 |

（免貼郵票）

 心理出版社 股份有限公司

台北市 106 和平東路一段 180 號 7 樓

TEL: (02) 2367-1490
FAX: (02) 2367-1457
EMAIL:psychoco@ms15.hinet.net

沿線對折訂好後寄回

六、您希望我們多出版何種類型的書籍

❶□心理 **❷**□輔導 **❸**□教育 **❹**□社工 **❺**□測驗 **❻**□其他

七、如果您是老師，是否有撰寫教科書的計劃：□有□無

　　書名／課程：＿＿＿＿＿＿＿＿＿＿＿＿＿＿＿＿＿＿＿

八、您教授／修習的課程：

上學期：＿＿＿＿＿＿＿＿＿＿＿＿＿＿＿＿＿＿＿

下學期：＿＿＿＿＿＿＿＿＿＿＿＿＿＿＿＿＿＿＿

進修班：＿＿＿＿＿＿＿＿＿＿＿＿＿＿＿＿＿＿＿

暑　假：＿＿＿＿＿＿＿＿＿＿＿＿＿＿＿＿＿＿＿

寒　假：＿＿＿＿＿＿＿＿＿＿＿＿＿＿＿＿＿＿＿

學分班：＿＿＿＿＿＿＿＿＿＿＿＿＿＿＿＿＿＿＿

九、您的其他意見

＿＿＿＿＿＿＿＿＿＿＿＿＿＿＿＿＿＿＿＿＿＿＿＿

謝謝您的指教！　　　　　　　　　　　　　45036